A CRIANÇA COMO INDIVÍDUO

A CRIANÇA COMO INDIVÍDUO

Michael Fordham

Tradução
MARTA ROSAS

Revisão técnica
TITO A. CAVALCANTI

EDITORA CULTRIX
São Paulo

Título do original: *Children as Individuals*.

Copyright © 1994 Michael Fordham.

Publicado pela primeira vez pela Free Association Books, Ltd., representada por Cathy Miller Foreign Rights Agency, Londres, Inglaterra.

Todos os direitos reservados. Nenhuma parte deste livro pode ser reproduzida ou usada de qualquer forma ou por qualquer meio, eletrônico ou mecânico, inclusive fotocópias, gravações ou sistema de armazenamento em banco de dados, sem permissão por escrito, exceto nos casos de trechos curtos citados em resenhas críticas ou artigos de revistas.

O primeiro número à esquerda indica a edição, ou reedição, desta obra. A primeira dezena à direita indica o ano em que esta edição, ou reedição, foi publicada.

Edição	Ano
1-2-3-4-5-6-7-8-9-10	01-02-03-04-05-06

Direitos de tradução para a língua portuguesa
adquiridos com exclusividade pela
EDITORA PENSAMENTO-CULTRIX LTDA.
Rua Dr. Mário Vicente, 368 — 04270-000 — São Paulo, SP
Fone: 272-1399 — Fax: 272-4770
E-mail: pensamento@cultrix.com.br
http://www.pensamento-cultrix.com.br
que se reserva a propriedade literária desta tradução.

Impresso em nossas oficinas gráficas.

Sumário

Prefácio 7

Agradecimentos 9

1 Antecedentes 11

2 Brincar 24

3 Sonhos 41

4 Desenhos 64

5 O Modelo Conceitual 81

6 O Amadurecimento 98

7 A Família 120

8 O Contexto Social 131

9 A Psicoterapia Analítica 141

10 A Formação Simbólica 170

Apêndice 179

Notas 189

Bibliografia 193

Prefácio

Nesta terceira edição de *A Criança como Indivíduo*, o arcabouço do texto foi mantido e minha tese central sobre a importância do *self* na infância permanece a mesma.

Entretanto, ao longo dos anos verificou-se um grande aumento do conhecimento que temos da vida intra-uterina e da primeira infância. Esse conhecimento provém da aliança entre os métodos de observação e os estudos experimentais, que fortaleceu em muito a visão do bebê como indivíduo e possibilitou esclarecer e expandir as premissas de que eu parti.

Este livro foi publicado originalmente sob o título *The Life of Childhood*, com o objetivo de apresentar uma teoria e uma prática da psicoterapia infantil caracterizadas como junguianas. Antes de sua publicação, não havia praticamente nenhum interesse na psicologia infantil entre os analistas junguianos e, por isso, não havia junguianos (com exceção de mim mesmo) fazendo psicoterapia infantil em nenhuma parte do mundo.

Hoje a situação é diferente: o interesse pela psicoterapia infantil cresceu rapidamente entre os junguianos, como atesta a criação de inúmeros centros de treinamento pelo mundo afora. Porém, esse interesse, instigado pelo trabalho desenvolvido por Dora Kalff em Zurique, concentra-se mais na ludoterapia. Isso se deve em grande parte, creio eu, ao método da "caixa de areia", promovido por Margaret Lowenfeld, que demonstra que as crianças representam temas arquetípicos em suas brincadeiras, confirmando assim a minha opinião, pois o exercício é terapêutico. Nisso não havia nenhuma novidade, pois a brincadeira como terapia já havia sido amplamente praticada em vários contextos. Uma ilustração gráfica que me impressionou foi apresentada por Margaret Gardner no livro *The Children's Play Centre* (1937).

Contudo, eu havia me convencido de que se poderia desenvolver algo mais profundo e mais analítico com crianças, e a presente obra mostra o processo que me levou a essa convicção. Nisso está a base da estrutura deste livro. O primeiro capítulo, *Antecedentes*, apresenta os pressupostos – certos ou errados – a partir dos quais comecei a trabalhar com crianças em sofrimento psíquico. O capítulo seguinte registra algumas de minhas conclusões, tendo em mente a idéia – que logo descobri ser errônea – de que as experiências arquetípicas são perigosas para as crianças.

O material, do qual essas experiências arquetípicas haviam sido estudadas em adultos, consistia predominantemente em sonhos e desenhos, como os encontrados na imaginação ativa. Portanto, meu interesse concentrou-se na investigação desse tipo de material, acrescido da brincadeira – que é uma característica tão marcante da infância e que foi o que fez Jung começar o seu "confronto com o inconsciente".

Como foi a partir de todo esse material que começaram a emergir as formulações teóricas, é lógico que se sigam aos capítulos sobre "Brincar", "Sonhos" e "Desenhos", as estruturas teóricas que formulei e que constituíram um arcabouço para as incursões analíticas mais profundas em que eu estava embarcando. Confesso-me impressionado pela correção desse procedimento, que foge ao uso abusivo de material clínico para ilustrar uma formulação demasiado abstrata, embora eu não tenha deixado de fazer especulações. Porém, todas as nossas estruturas teóricas dependem, em última análise, da experiência e não do exercício da razão, como alguns pensadores e filósofos gostariam de crer.

Este livro deixa de lado muita coisa: ele não aborda o bom trabalho realizado com os grupos familiares nem outros estudos de grupos como exercício terapêutico. Mas ele é um estudo da criança como indivíduo, embora isso tenha necessariamente que incluir sua participação num grupo. Porém, a exemplo de Jung, eu acreditava e ainda acredito que a terapia, em seu sentido mais profundo, é uma questão individual e é nisso que reside meu principal interesse.

Agradecimentos

Eu gostaria de registrar minha gratidão ao falecido William Moody, da London Child Guidance Clinic, como era chamada na época, pelo seu generoso apoio e incentivo no início deste trabalho; ao falecido A. E. Newth, da Nottingham Child Guidance Clinic, e a R. D. Newton, diretor da clínica de orientação infantil da Clínica e Ambulatório Paddington, pela permissão para publicar estudos de casos; à Society of Analytical Psychology pela permissão para incluir material publicado no *Journal of Analytical Psychology*; ao Dr. Gerd Biermann pela permissão para publicar o caso de Billy, também registrado no *Handbuch für Kinderpsychotherapie*, do qual foi organizador. O Professor Jung e sua esposa, como também a Sra. James Kirsch, forneceram-me crítica e apoio nos momentos de dúvida, quando eu não tinha certeza se o que estava fazendo era junguiano ou sequer analítico. Mas foi a minha falecida esposa quem me ouviu, discutiu e fez sugestões detalhadas para cada parte da edição original.

Nesta revisão à terceira edição, devo muito a James Astor, pela colaboração e pela utilidade de suas diversas sugestões.

1 Antecedentes

Ao longo de toda a sua vida, Jung baseou-se na distinção geral entre estruturas conscientes e inconscientes. Ao enumerá-las, definiu uma única entidade, o ego, para representar o centro da consciência. Já os mais obscuros e complexos elementos do inconsciente revelaram-se inúmeros. Seu fascínio por eles era tanto que o fez devotar a seu estudo a maior parte de sua vida científica. Jung começou por distinguir dois níveis: o pessoal e o coletivo. O primeiro compunha-se de experiências reprimidas por serem incompatíveis com as convenções sociais ou morais: elas são essencialmente parte do ego e, assim, podem voltar a ser conscientes se a barreira da repressão for removida. O conteúdo do segundo diferia daquele do primeiro no fato de ser essencialmente inconsciente; ele só pode tornar-se parcialmente consciente por meio das imagens do sonho e da fantasia, que se desenvolvem à medida que o amadurecimento prossegue. Estudando-as, Jung criou a teoria do "inconsciente coletivo", que objetivava explicar a generalidade dos temas que acabou por demonstrar. Além disso, Jung cunhou uma expressão explicativa, "psique objetiva", para sublinhar não só uma característica da natureza desses temas, como também a sua própria idéia de que o "mundo interior" do homem, que eles representam, é um objeto de estudo tanto quanto o mundo exterior das coisas materiais e das pessoas.

No decorrer desse estudo, Jung descobriu que os dados provenientes do inconsciente coletivo poderiam ser agrupados e classificados, inferindo que havia diversos centros ou núcleos que se expressavam repetidamente de modo semelhante e demonstravam objetivos e funções similares. Esses centros foram chamados de arquétipos do inconsciente coletivo, que é, portanto, um termo usado para designar a soma total dos arquétipos. Os arquétipos foram por ele descritos como a sombra, o *animus* e a *anima*, o velho sábio, a criança etc. Todos eles foram concebidos como "não-ego", sendo-lhes essencialmente impossível tornar-se completamente conscientes.

Aqui costuma surgir um problema terminológico devido à tendência a confundir o arquétipo inconsciente com sua representação no consciente, isto é, sua imagem. Apesar das diferentes posturas adotadas nessa questão, neste livro tratarei o arquétipo como uma entidade teórica dita inconsciente e me referirei às imagens que podem ser agrupadas usando-se a teoria dos arquétipos como "arquetípicas", isto é, como tendo as características que a teoria delas requer: assim, o arquétipo da mãe é postulado como dando ensejo, quando colocado em relação com uma mãe real, a imagens que contêm características arquetípicas da mãe. Em resumo, usaremos o adjetivo "arquetípico" para distinguir a imagem do arquétipo em si.

A teoria suscitou críticas porque se supunha implicar a herança de idéias e imagens, e é verdade que na literatura apresentam-se formulações vulneráveis a esse ataque. O próprio Jung, em resposta, reformulou suas idéias de modo a definir o arquétipo como o substrato que usava, por assim dizer, a experiência sensorial de maneiras predeterminadas para produzir imagens típicas. A meu ver, é uma pena que ele nunca tenha esclarecido devidamente suas conclusões em escritos sobre a infância. Suas primeiras idéias sobre o tema permaneceram as mesmas no que se refere ao amadurecimento na infância e à natureza dos processos inconscientes nesse período da vida do indivíduo.

O MÉTODO DA PSICOLOGIA ANALÍTICA

Após definir seu campo de estudo, Jung dedicou-se a descrever detalhadamente o comportamento das imagens arquetípicas. Para tanto, empregou quatro técnicas destinadas a trazer à consciência o conteúdo do inconsciente coletivo: associação livre – mas, mais freqüentemente, associação controlada –, análise de sonhos, imaginação ativa e amplificação. Dessas, a primeira é bem entendida, e a segunda será abordada mais detidamente no Capítulo 7. Apenas as duas últimas precisam de apresentação aqui, principalmente levando-se em conta o fato de serem características da abordagem de Jung.

Em algum momento do tratamento, o paciente pode tornar-se consciente de processos que talvez perceba apenas vagamente e que tenha dificuldade de expressar por meio da linguagem comum. Quando isso ocorre, deve-se, segundo Jung, incentivar as tendências presentes no paciente a deixar a imaginação trabalhar por conta própria, com interferência mínima do ego. Se o momento escolhido for o correto, segue-se uma fantasia organizada que assume a forma de um sonho, no qual o paciente então aprende a participar como uma das figuras; dessa forma pode desenvolver-se uma dialética entre o ego e as imagens arquetípicas denominada imaginação ativa. O processo é facilitado pela dança, pela pintura e pela escultura em madeira ou argila.

Do material produzido individualmente durante a imaginação ativa, Jung extraiu dados estreitamente associados a temas míticos, rituais e práticas mágicas e religiosas. Ali se encontrava uma mina de informações que lançavam luz sobre as fantasias dos pacientes. Portanto, Jung começou a comparar as duas coisas.

Às vezes o método comparativo da amplificação que Jung criou parece uma espécie de *tour de force* intelectual e, de fato, assim pode ser, embora essa não tenha sido a utilização que ele previa. Em vez disso, Jung concebia esse método como uma extensão do processo natural cuja ocorrência observava nos pacientes.

Estudando-se uma série de sonhos ou fantasias, vê-se que os temas se interligam e esclarecem-se – isto é, amplificam-se – uns aos outros até chegar ao núcleo central do significado. Um bom exemplo pode ser encontrado na série de sonhos publicada em *Psicologia e alquimia* (OC XII).*
A amplificação intelectual, que se baseia na teoria dos arquétipos, está contida na segunda parte do livro, embora ele também tenha feito paralelos mais breves aos próprios sonhos.

Durante a terapia analítica, a coleta de paralelismos sempre foi considerada secundária (na minha opinião, ela é desnecessária) em relação ao procedimento analítico em si. Contudo, o conhecimento do material simbólico cresceu muito com o estudo comparativo dos mitos, e as con-

---

* *Obras completas*, Vol. XII. As referências às obras de Jung serão feitas por meio da abreviatura OC seguida do número do volume, com as seguintes exceções: 1- Quando o autor cita obras que foram modificadas por Jung e não se encontram em sua forma original nas OC, ou quando a obra não faz parte das OC, casos em que indicaremos a obra da maneira convencional. 2- Quando a obra ainda não foi traduzida para o português, caso em que indicamos a obra por CW (*Collected Works*) seguido do número do volume.

clusões atingidas são usadas pelos analistas em sua interpretação do material dos pacientes.

Qual é então o valor do método intelectual da amplificação? Ele é um método de ensino e pesquisa e, usando-o dessa forma, Jung formulou diversas teorias sobre os processos evolutivos da civilização. A mais importante dentre elas foi a tese de que a alquimia foi não só uma evolução compensatória da religião cristã, mas também a precursora da psicologia do inconsciente e da química.

A INFÂNCIA

Se voltarmos às primeiras obras de Jung, as do período em que foi influenciado por Freud e aquelas do período do rompimento entre ambos, encontraremos muita coisa sobre a psicologia da infância. De fato, há aqui uma literatura considerável que foi em grande parte desconsiderada. As publicações de maior peso foram os estudos de testes de associação, que mostraram pela primeira vez o amplo alcance dos efeitos das identificações entre pais e filhos e o quanto a vida de uma criança poderia ser, aparentemente, quase que completamente determinada pela natureza de seus pais. Mas, ao lado deles, resumidas nas palestras feitas na Clark University (1916), Jung apresentou também as investigações sexuais de uma garota, Anna (publicadas em OC XVII). É um texto complementar ao "Little Hans"/"Pequeno Hans", de Freud. Entretanto, Jung deu atenção muito maior às investigações simbólicas que formam a base do desenvolvimento dos processos do pensamento cognitivo. Além disso, houve também uma consideração maior do mundo interior da garota.

Sua obra *Tentativa de Apresentação da Teoria Psicanalítica* (publicada em OC IV) resume as divergências que ele tinha com Freud, mas também contém muita coisa ainda hoje interessante para o estudo do desenvolvimento infantil. Porém ele estava sendo tão atacado pelos psicanalistas da época (1913) que o valor dessa obra ficou obscurecido. Ela contém idéias então novas que hoje, se não estabelecidas, já não são objeto de polêmica tão acirrada (Cf. Abraham 1914). Sua ênfase na importância de separar a sexualidade infantil de sua forma adulta e o instinto da nutrição do instinto sexual já não causam muito alvoroço, principalmente depois da ênfase dada à fome, à voracidade e à agressividade em conjunção com a sexualidade na vida do bebê, em especial por parte de Klein. Sua afirmação de que a situação edipiana é um mito – não no sentido de ser irreal, mas sim no de possuir natureza arquetípica e, portanto, ser inerente ao desenvolvimento sadio da criança – só depois de muito repudiada foi aceita pelos psicanalistas.

Vale a pena lembrar, também, que no livro *Psychology of the Unconscious* (Jung 1991) ele frisou a inevitabilidade da fantasia da mãe dual, tão importante na obra de Klein, e situou os conflitos edipianos em relação à díade mãe-filho que, além de anteceder, está por trás das situações triangulares às quais Freud deu importância capital. Nessa obra ele desenvolve ainda uma teoria de grande alcance, apesar de muito negligenciada, sobre a importância do ritmo na transformação das pulsões instintivas primitivas em atividades culturais.

Não pode ser essa parte inicial de sua obra – que ele jamais repudiou – o que o distanciou da análise infantil. Tampouco, penso eu, terá sido a sua demonstração experimental dos processos de identificação (OC IV). Antes, foi a conclusão de que se tanto do que anteriormente se imaginava ser ambiental era realmente inato, se o tema da mãe dual e o conflito edipiano eram parte do desenvolvimento sadio, por que desencavá-los? Não são acaso as contínuas "tarefas da vida" que a criança tem diante de si o que merece mais atenção? Seu raciocínio foi o de que seria melhor propiciar um bom ambiente para a criança, evitando o estímulo de processos regressivos. Levada a extremos, essa teoria da continuidade, apesar de útil, não procede quando aplicada à psicopatologia infantil, pois não são apenas os pais que contribuem para ela.

Apesar de não excluírem a análise de crianças, suas palestras posteriores sobre a educação (OC XVII) restringem o escopo da psicopatologia infantil e colocam muito mais ênfase na influência dos pais. Quase não há nada de novo sobre a psicologia infantil na obra publicada posteriormente, embora ele tenha apresentado uma contribuição interessante sobre as crianças dotadas (em OC XVII). No entanto, a importância da fixação no desenvolvimento das neuroses e psicoses de fato não pode ser deixada de lado: Jung não a ignorou completamente, mas sua teoria da continuidade era inspirada em seu trabalho sobre a individuação humana em adultos, e isso desviou-lhe a atenção da análise infantil.

Porém, tomando-se a obra de Jung como um todo, há pouca justificativa para a idéia de que a psicopatologia seja *apenas* o resultado da introjeção ou identificação da criança com os processos inconscientes menos desejáveis dos pais. Ao mesmo tempo, quando inicialmente desenvolvida – e Jung não foi o único a adotar esta posição –, a tese sobre a geralmente decisiva importância dos pais foi relevante e necessária. Após cair, com razão, em um certo ostracismo porque erroneamente se tornou um dogma que nega às crianças a possibilidade de individualidade, ela vem sendo ultimamente recuperada: a importância da patologia dos pais na interferência, perversão ou obstrução dos processos contínuos de amadurecimento dos filhos vem obtendo um reconhecimento cada vez maior e mais equilibrado.

A meu ver, Jung certamente acreditou, sem deixar que suas idéias sobre esses problemas se cristalizassem, que não valia a pena investigar a infância antes que seu trabalho sobre a vida adulta obtivesse o progresso e o reconhecimento que merecia. Entretanto, sempre foi óbvio que, a menos que o conceito de arquétipo pudesse ser aplicado à infância, sua teoria era vulnerável a críticas prejudiciais. Portanto, não é de surpreender que anos depois ele resolvesse enfrentar o desafio – que a primeira edição da presente obra também visava –, aplicando a técnica da amplificação aos sonhos infantis. Os resultados que obteve foram coligidos em vários relatórios de seminários, mas suas idéias jamais chegaram a ser formalmente publicadas.

Entre os analistas junguianos pioneiros, só Frances Wickes trabalhou de modo mais sistemático com crianças. Seu livro, *The Inner World of Childhood* (1966), é um desdobramento fiel e esclarecedor do que Jung havia sugerido. A ela deve-se o crédito por haver feito a primeira aplicação da teoria dos tipos às crianças e por haver concebido alguns métodos engenhosos de lidar com seus processos afetivos primitivos. Talvez ainda mais importante seja seu sucesso na divulgação da idéia de que é por meio de identificações inconscientes que as influências dos pais produzem anormalidades no desenvolvimento infantil. Apesar de necessária na época em que foi escrita, a conclusão de que os pais deveriam preocupar-se com sua própria saúde mental se quisessem proporcionar um bom ambiente para seus filhos hoje parece banal. Porém Wickes, seguindo Jung, contribuiu significativamente para refinar um conceito que costuma aproveitar-se muito do preconceito.

Em seu trabalho, Wickes opõe-se à investigação de processos inconscientes em crianças, e essa tese ainda influencia muitos analistas junguianos que desconsideram que, apesar de não querer aplicar teorias à infância, Wickes estava dominada por crenças teóricas já sem validade acerca das visões especulativas de Jung sobre a natureza das estruturas herdadas em crianças, como as seguintes: "No ['estado infantil germinal'] estão escondidos não só os inícios da vida adulta, como também toda a herança que nos vem da série dos ancestrais, e é de extensão ilimitada" (OC 8, parág. 97).

Por mais fascinantes que sejam tais idéias – e aqui deve ficar claro que Jung posteriormente as modificou –, são escassas as provas em seu favor, e as que existem prestam-se a outra interpretação, mais aceitável. Seja como for, Wickes era dotada de uma fina intuição, o que torna permanente o interesse dos dados que ela coletou, por mais que sua atenção aos detalhes possa ter sido pouca. Graças a esse dom, ela acaba omitindo dados, aparentemente tão ínfimos, que são essenciais para suas observações serem corretamente avaliadas à luz do conhecimento atual. Sua recorrente referência a "a criança", particularmente, tornou-se genérica demais para ter grande utilidade. Além disso, as idades das crianças às quais ela se refere, embora extremamente necessárias, são muitas vezes omitidas, e as partes relevantes de seus históricos não estão disponíveis.

O OBJETIVO DO DESENVOLVIMENTO

Um elemento essencial no trabalho de Jung era a importância do desenvolvimento. Assim, ele frisa que o objetivo do desenvolvimento de uma criança é atingir a maturidade. Para isso, ela precisa fortalecer seu ego de modo a poder controlar seu mundo interior e exterior. Além disso, ela deve aceitar padrões coletivos; às vezes, ao que parece, independentemente das conseqüências que possa sofrer. Na verdade, resta saber se isso resulta num verdadeiro desenvolvimento e – já que estarei considerando o amadurecimento infantil sob luz diferente e relacionando-o a processos favorecedores da individuação que usam concepções provenientes de Jung – talvez seja necessário considerar brevemente como ele concebia a relação entre a individuação e a adaptação coletiva.

Jung (OC VI) comparava os objetivos coletivos à individuação da seguinte forma:

A individuação, em geral, é o processo de formação e particularização do ser individual e, em especial, é o desenvolvimento do indivíduo psicológico como ser distinto do conjunto, da psicologia coletiva. (...) Antes de tomá-la como objetivo, é preciso que tenha sido alcançada a finalidade educativa de adaptação ao mínimo necessário de normas coletivas (...) parág. 853 e ss.

De acordo com a tendência principal dentro da obra de Jung e dentro do contexto de seus estudos analíticos, a individuação é concebida na maioria das vezes como tendo início em pessoas que se aproximam da meia-idade; então as projeções da psique coletiva no mundo devem ser retiradas para poder ser consideradas em relação ao indivíduo, e não simplesmente aceitas porque são "o que todo mundo faz, pensa e sente". Segundo Jung, a criança, ao contrário, precisa deixar projetada no mundo uma grande parte de sua psique e adaptar-se "ao mínimo necessário de normas coletivas", dentro do qual possa desenvolver sua vida pessoal. Daí que isso ganha ainda maior importância para ela porque, além de não precisar pensar muito no que é geralmente aceito, não pode exercer influência sobre as idéias sociais, políticas e religiosas vigentes. Mas, à medida que amadurecem, as crianças adotam idéias heterodoxas sobre essas questões, geralmente como parte de sua rebeldia contra os pontos de vista correntes, sobre os quais se expressam com considerável segurança. Assim, tendem a adotar uma posição unilateral ou coletiva, em contraposição a uma posição individual.

Segundo Jung, a individuação requer ainda que o sujeito se liberte dos opostos mediante uma solução irracional ou simbólica; para isso, os opostos precisam ganhar igualdade total.

> Havendo, no entanto, plena igualdade e equivalência dos opostos, comprovadas pela participação incondicional do eu na tese e na antítese, *produz-se uma suspensão da vontade*, pois já não é possível querer porque todo motivo tem a seu lado um contramotivo igualmente forte. Mas como a vida não tolera suspensão, surge um represamento da energia vital que levaria a uma situação insuportável se da tensão dos opostos não surgisse nova função unificadora que ultrapassa os opostos. (OC VI, parág. 913)

Assim, a individuação é concebida como abarcando uma meta oposta à da infância, quando o fortalecimento do ego é de importância vital; a meta da individuação surge, pelo contrário, apenas quando "produz-se uma suspensão da vontade".

Conforme essa teoria, para que haja individuação é necessário primeiro haver relação com os arquétipos, que contêm a possibilidade de uma solução simbólica para o conflito de opostos, mas – embora o processo seja muito semelhante ao que há na infância – o objetivo é concebido como inteiramente distinto. Assim, a relação com os arquétipos só se estabelece quando a individuação é a meta consciente de um homem ou mulher adultos, ao passo que uma criança simplesmente não pode deixar de estar em contato com formas e processos arquetípicos.

Os problemas infantis – que estão estreitamente vinculados ao amadurecimento do ego e, na opinião de Jung, podem levar à predominância deste – também foram vistos em termos de tipos psicológicos. Jung distinguia dois tipos de atitude, a extrovertida e a introvertida, e quatro tipos de função: duas racionais (pensamento e sentimento) e duas irracionais (sensação e intuição). Uma determinada pessoa pertence a um tipo quando se adapta melhor a uma determinada atitude e função. Isso não quer dizer que as demais atitudes e funções estejam sempre ausentes; elas são simplesmente inferiores, latentes ou reprimidas – muitas vezes isso não fica claro. Pensava-se que o problema da criança era determinar qual a sua melhor atitude e função. Desse modo, ela teria apoio para seu *status* inferior e poderia sentir-se cada vez mais eficiente e supostamente autoconfiante. O jovem pode então delegar, por meio da projeção, as demais funções a outras pessoas; quando ele se apaixona, por exemplo, a mulher em geral detém a projeção de seu lado inferior, ou *anima*, e daí resulta um relacionamento útil tanto do ponto de vista psicológico quanto do biológico. A razão pela qual a criança precisa desenvolver sua função superior e valer-se dela é que a inferior contradiz a superior: a introversão contradiz a extroversão, o pensamento contradiz o sentimento e a intuição contradiz a sensação. Se ela aceitar todas, se verá diante do problema dos opostos, entre os quais se espera que oscile e dos quais precisa libertar-se. Nisso está a razão para as crianças buscarem figuras ideais, como o herói que luta contra o seu oposto.

Apresentei de forma bastante detalhada o contraste entre a individuação e o crescimento do ego porque era essa oposição que imperava quando escrevi o texto da primeira edição deste livro. A grandiosidade e o alcance, o elemento religioso e a importância social da individuação eram de interesse central.

A definição de individuação em *Tipos psicológicos* dá margem, porém, a uma visão diferente. Jung diz que "a individuação coincide com o desenvolvimento da consciência que sai de um *estado primitivo de identidade*" (OC VI, parág. 856) e, alhures, como explica Jacobi, ele dá margem à idéia de individuação como um processo contínuo ao longo de toda uma vida. Diversos junguianos tentaram dar conta dessa brecha, que jamais foi detalhadamente explicada até Jacobi empreender essa tarefa no livro *The Way of Individuation* (1967). A ela, portanto, deve-se dar o crédito pela fundação dessa linha de pensamento.

Seja como for, lastimo não poder aceitar nem a sua formulação nem outras menos completas. Todas recorrem a concepções como a de que a individuação é um "instinto" ou implicam uma teleologia de longo alcance que foi há muito abolida pela biologia, a meu ver, com justa razão. Além disso, Jacobi especialmente afirma, se é que a compreendi bem, que os objetivos biológicos e adaptativos da juventude e que o desenvolvimento do ego são partes de – embora apenas preliminares a – um desenvolvimento necessário aos processos, geralmente chamados de individuação, de amadurecimento na segunda metade da vida.

Essa concepção tem a seguinte dificuldade: o aumento da adaptação a exigências sociais não pode ser parte da individuação se o distanciamento de exigências sociais é uma característica central da individuação. Não sou avesso nem ao paradoxo nem à contradição quando eles recobrem dados simbólicos que não podem ser abstraídos sem perda. Todavia, a individuação é, a meu ver, um conceito capital relacionado a processos definíveis e não um símbolo; portanto, o paradoxo não é nem justificável nem, creio eu, necessário. Neste livro demonstrarei – espero que definitivamente – que os processos de individuação estão em ação na primeira infância e na infância e que são uma característica essencial do amadurecimento.

Ao propor-me mostrar isso, farei uso dos conceitos de Jung, apesar de suas formulações não serem coerentes (Cf. Fordham 1985b). Por um lado, ele definiu o *self* como a totalidade da psique, abarcando o ego e os arquétipos, concepção que significa que essas estruturas são as partes do todo. Por outro lado, ele pensou o *self* como uma entidade que organiza todas as partes e é sobreordenado ou transcendente em relação a elas – uma entidade à parte. As duas concepções são de difícil conciliação.

Quanto às manifestações do *self*, Jung é coerente: elas são essencialmente simbólicas e representam opostos. Assim, torna-se difícil desenvolver uma teoria satisfatória do *self* porque qualquer afirmação a respeito dele pode ser contradita – ao menos, essa é a noção de sua natureza simbólica conforme comumente interpretada. Daí decorre a afirmação de que o *self* é um supremo mistério e, por isso, não é preciso tentar elucidá-lo. Ao relacionar o *self* tanto empírica quanto teoricamente à experiência religiosa – e, em particular, ao conhecimento de Deus –, Jung certamente colocou o *self* em relação com a especulação teológica acerca da realidade suprema. Não tentarei de forma alguma considerar esse aspecto de seu trabalho: ele é quase completamente irrelevante aos processos de amadurecimento na infância, além do que é algo que pertence à seara da filosofia e da teologia, de qualquer forma. Há muitos aspectos do *self* que conhecemos pouco ou nada e sua natureza já é obscura o suficiente sem hipostasiar a aura de mistério – que deve, a meu ver, funcionar mais como estímulo à investigação do que como um fim em si.

Não se pode negar que a concepção de *self* como mistério supremo não está de acordo com a idéia de que sua percepção seja o objetivo da individuação, pois, para ser percebido, ele deve ser cognoscível; mas muitas vezes se afirma que sua percepção requer a intuição de seu mistério.

Foi num momento posterior que Jung desenvolveu uma idéia diferente: o *self* era um organizador, o arquétipo central. O conceito revisado cobria muito bem alguns de seus dados, mas obviamente modificava ou mesmo abolia o conceito de totalidade, já que o *self* é concebido como uma de suas partes. Do meu ponto de vista, a contradição pode ser resolvida reconhecendo-se que dois níveis de abstração estão envolvidos. O conceito de totalidade do *self* se baseia numa abstração dos dados que são agrupados como símbolos ou representações suas: cada um deles é incompleto, mas, somados, levam à teoria da totalidade. O *self* como organizador dos arquétipos é menos abstrato, mais próximo dos dados e, pode-se dizer, menos teórico.

Os capítulos seguintes mostrarão até que ponto usei, ampliei ou descartei os conceitos desenvolvidos por Jung e outros. Pode-se, porém, prever desde já que o modelo do ego, os arquétipos e o *self* permanecerão, como também a importância dos pais diante do desenvolvimento e psicopatologia infantis. As imagens simbólicas e o mundo interior a que Jung deu tanta ênfase (embora em parte para compensar sua freqüente negação) também encontrarão lugar de destaque.

Dei muita importância ao *self* definido como a totalidade organizada dos sistemas consciente e inconsciente. A concepção aplicada à criança trata-a como uma entidade em si mesma, da qual se podem derivar os processos maturativos. Ela não inclui mãe nem família. A significação do postulado de uma unidade primária ficará evidente, mas talvez se possa dizer desde já que ela é concebida como a base sobre a qual repousa a noção de identidade pessoal e da qual procede a individuação.

A partir daí, o objetivo ideal dos pais pode ser definido como o de fomentar o amadurecimento do *self* e, assim, facilitar a sensação de autoconfiança da criança em relação a eles, a seus irmãos e ao ambiente extrafamiliar, no qual ela progressivamente se irá engajando com o passar do tempo.

Até agora, nada falei a respeito dos vários psicanalistas a quem farei referência nos capítulos subseqüentes. À exceção, naturalmente, de Freud, eles não antecederam meus próprios esforços no mesmo sentido que o trabalho de Jung e Wickes, pois eu não estava trabalhando com teorias psicanalíticas, antes de mais nada, nem tivera nenhum treinamento formal em psicanálise.

Entretanto, nos primeiros anos o pioneirismo de Klein na psicanálise infantil foi para mim um estímulo especial; suas técnicas lúdicas, que revolucionaram a psicoterapia infantil na Grã-Bretanha, foram particularmente importantes. Além disso, muitas de suas formulações teóricas pareceram-me, já em 1935, compatíveis com as idéias de Jung. Seu conceito de fantasia inconsciente e de objetos bons e maus, por exemplo, parecia destinado a ser incorporado na teoria dos arquétipos e dos opostos. Além disso, algumas das situações conflituosas iniciais – como a violência dos ataques agressivos do bebê ao corpo da mãe – eram, a meu ver, análogas ao tema mitológico do herói em luta contra os monstros, conforme observei em 1944 na primeira edição deste livro. Também passei a aceitar a importância da posição depressiva.

O fato de outros psicanalistas – ao que tudo indica, independentemente – terem adotado conceitos do *self* e suas representações em seu raciocínio conceptual e de a individuação haver sido aceita como uma característica do amadurecimento (Cf. Mahler *et al.* 1977) não poderia deixar de ter muito interesse para mim. Contudo, talvez seja muito válida uma observação sobre o frutífero diálogo entre as escolas da psicologia analítica e da psicanálise que vem ocorrendo ao longo dos anos em Londres. Ele contribuiu muito para o meu trabalho e o de outros membros da London Society of Analytical Psychology. Esse diálogo, porém, não poderia haver ocorrido sem o contínuo estudo da obra de Jung nem a correspondência e a discussão com ele e com a Sra. Jung até o momento da morte deles. Isso propiciou-me uma base segura de onde partir para novos campos de investigação.

2 *Brincar*

Embora não seja a primeira, o brincar constitui uma das atividades iniciais dos bebês. Assim que o seio se torna um objeto e o levar algo à boca se torna um prazer além do simples sugar, começa o ato de brincar com o mamilo e outras partes do corpo da mãe. Ele continua quando o seio não está disponível e quando a fome e a sede estão satisfeitas, no exercício dos músculos, no gorgolejar, na emissão de sons etc.

Dada a segurança fornecida, em primeiro lugar, pelo acolhimento da mãe e outras formas menos diretas de cuidado (por exemplo, um berço ou cercado), outros objetos podem ser explorados, assim como o mamilo e o seio. Gradualmente, o rosto, a boca, o cabelo da mãe – bem como partes do corpo da própria criança, seus dedos, excrementos e órgãos genitais – são incluídos na brincadeira exploratória. Posteriormente, esse processo torna-se parte de um método no qual o bebê desenvolve sua relação consigo mesmo e com o mundo exterior, também participando da organização da atividade imaginativa acarretada por processos que têm lugar no *self*.

Relacionado com o corpo, o brincar constitui uma das atividades iniciais do ego que acontece pela primeira vez quando o bebê está num estado próximo à integração. Supondo que no ato de brincar o ego do bebê esteja perto do *self*, pode-se esperar que o brincar forme representações do *self*. Dito de outra maneira, no brincar precoce o bebê está dando um primeiro passo no sentido de deixar de ser um *self* para encontrar a si mesmo.

De especial interesse são os fenômenos transicionais, cuja investigação devemos a Winnicott (1967 e 2000). Eles serão discutidos em maior detalhe posteriormente. Por enquanto, diga-se apenas que, logo no início da vida, o bebê se ocupa de partes de objetos concretos ou outros objetos primitivos que não vêm a representar nem seu mundo "interior" nem uma parte da mãe, que representa o mundo "exterior". Considera-se, assim, que os fenômenos transicionais ocupam um lugar entre os mundos interior e exterior do bebê em crescimento. À medida que o desenvolvimento prossegue, o objeto adquire, do ponto de vista do bebê, vida e vitalidade próprias, mas seu conteúdo gradualmente se vai tornando difuso até tornar-se "(...) não tanto esquecido quanto relegado ao limbo (...)". Ele perde a energia que contém pois, como afirma Winnicott, os fenômenos transicionais tornam-se difusos, espalhados ao longo de todo o território intermediário que existe entre a "realidade psíquica interior" e o "mundo exterior conforme percebido por duas pessoas" (2000 p. 331). Assim, ele é o precursor do elemento significativo na brincadeira com muitos objetos, mas também pode tornar-se uma fantasia, uma imagem ou um pensamento (p. 157 abaixo), e estes, se Winnicott estiver certo, estão na origem da vida cultural. Essa opinião tem seus próprios percursores, pois Harrison afirma (1927, p. 17, nota 4) que "originalmente os brinquedos infantis prestavam-se a muito mais que meras brincadeiras. Eles eram amuletos indutores do bem, profiláticos contra as influências maléficas". Porém, por mais atraente que seja, a idéia carece de suficiente comprovação.

Quando se amplia o conceito, é comum observar que as crianças tratam certos objetos como essenciais ao seu bem-estar: eles passam a ser dotados de significado e não são retirados sem objeções veementes. São eles os brinquedos – em geral as bonecas com enchimento, ursinhos de pelúcia e similares – que as crianças levam para toda parte, com os quais querem dormir ou consideram especiais e preferem acima de todos os outros. Além de especiais, outra característica desses objetos é a sua "objetividade". A criança pode referir-se a eventos de seu mundo exterior ou interior, às vezes de modo muito claro, mas mesmo assim a brincadeira é em si considerada como resultante da difusão, uma atividade "objetiva".

Não é meu objetivo, nem no que foi exposto anteriormente nem no que direi a seguir, desenvolver uma teoria geral do brincar. Antes, quero indicar as características que podem ser úteis a um clínico ou a alguém que trabalhe com crianças. Vale a pena considerar os seguintes traços durante a psicoterapia:

1. Graças às reduzidas dimensões dos brinquedos, a criança tem – dentro dos limites impostos pela natureza do brinquedo – controle total sobre o brincar. Por isso há ampla margem para expressar e gozar valiosas sensações de onipotência, especialmen-

te quando se trata do brincar criativo com os materiais primários (água, areia, argila), da pintura e do desenho.

2. O brincar onipotente pode ser auto-erótico e, nesse caso, é levada a cabo na solidão: ele tem suas próprias recompensas, e a criança não precisa de mais ninguém para apreciar o que está sendo feito. Esse brincar também pode ser criativo: é onde muitas vezes se encontram símbolos.

3. Porém a brincadeira criativa normalmente requer que outras pessoas – em especial os pais – a apreciem. Se isso não acontecer, a criança pode ficar triste ou até deprimida, zangada ou desesperada.

4. Daí decorre que a brincadeira é um veículo para a comunicação significativa, um elemento que se revela especialmente útil ao analista. Em vez de falar, a criança irá brincar, exprimindo seus amores e ódios, medos e esperanças, às vezes de forma transparente, mas, em geral, de modo indireto.

5. Como parte desse elemento comunicativo, outras pessoas podem entrar no jogo por meio da representação de papéis. No início essa atividade é autocentrada, isto é, a criança quer que o outro desempenhe um papel que representa uma parte do *self*. Depois, é possível um intercâmbio de papéis e o estabelecimento de concessões. Num momento posterior, podem ter início os jogos organizados que se tornarão aqueles de incrível complexidade da vida adulta: então a brincadeira se terá tornado social.

Os exemplos seguintes ilustram essas características do brincar – embora sua criatividade só venha a ser abordada no Capítulo 4 – e foram selecionados com o intuito de mostrar diferentes graus de organização em duas faixas etárias.

CASO 1 – A INVEJA E O CIÚME INFANTIS

Joyce, de 6 anos, tinha medo do escuro e fobia da escola.

Primeira entrevista:
Ela parecia ser uma garotinha ativa, cheia de vivacidade e de uma energia que ela às vezes achava difícil – ou impossível – controlar. Quando isso acontecia, Joyce ficava ansiosa.

Brincadeira: Ela começou a brincar com duas bonecas, uma preta e uma branca. A boneca preta era "má", levou muita palmada no "traseiro" e depois foi mandada para a cama. Posteriormente, essa boneca ganhou boas roupas e, no fim, Joyce a aceitou um pouco melhor. A outra boneca, chamada de "nenê", era boa e muito querida. Certa vez, quando ambas as crianças estavam deitadas na cama, Joyce descobriu que os olhos do bebê bom não fechavam. A princípio, ele *"não podia dormir"*. Depois, ele aparentemente *não queria* dormir, dando ensejo a uma discussão não muito grave em que o "bebê bom" foi chamado de "malcriado".

Nesse jogo, Joyce brincava de ser mãe, pondo e tirando roupas, batendo numa filha, agradando a outra e pondo ambas para dormir: esse é o brincar normal. Aos 6 anos, espera-se que a menina tenha identificação com a mãe, uma identificação que geralmente faz parte de seu conflito edipiano. O fato de cada boneca desenvolver como parte de si um germe da qualidade oposta mostra que a criança está perto da brincadeira do objeto total: a "filha má" ganha boas roupas – provavelmente uma recompensa por haver sido boa –, apesar de não se verificar nenhuma verdadeira mudança em sua natureza, conforme demonstrou-se na continuação da brincadeira; a filha "boa" tem em si um pouco de "maldade", na forma da intenção deliberada de não fechar os olhos e dormir.

No conjunto, no brincar de Joyce predominavam atos punitivos implacáveis, todos destinados a controlar o "mau" comportamento. A violência é evidentemente uma tentativa de controlar seus desejos infantis maus, que ela teme. Devido à sua tendência à crueldade, há indício de que sua identificação com a mãe seja parte de uma defesa maníaca residual (Cf. p. 111 abaixo). O comportamento da mãe fantasiada não corresponde ao de sua própria mãe em relação a ela, pois Joyce era a filha preferida. Isso sugere que as identificações projetiva e introjetiva contribuem para o quadro que ela apresenta (Cf. p. 90 abaixo).

Segunda entrevista:
Houve muita brincadeira com água numa pequena banheira de flandre ligada a um tanque; abrindo-se uma torneira, a água jorrava na banheira. A certa altura, a torneira entupiu, deixando Joyce chateada. Depois, ela colocou alguns barcos numa bandeja grande, que encheu com água de um balde; empurrou os barcos de um lado para o outro. Além disso, colocou bastante areia dentro d'água e, ao molhar as mãos, queixou-se de que acabariam ásperas e rachadas. Então quis trocar a água para separar a areia e, juntos, carregamos um balde escada acima e abaixo, derramando muita água nessa atividade.

Nesse brincar há uma tendência a agrupar objetos em pares: dois barcos, areia e água, a torneira que deixa cair a água e a banheira que a contém. Porém, ao lidar com materiais e objetos impessoais, há mais realidade no que ela faz e deixa de haver necessidade de distinguir entre bem e mal.

Terceira entrevista:
A boneca má foi, mais uma vez, bem surrada e colocada num canto no início da entrevista. Depois, muita brincadeira com água; Joyce era a mãe lavando as roupas e lençóis da boneca. Ao lavar com sabão as fraldas, sujou-as de areia. Então cheirou-as, pensando que era "porcaria" (fezes), mas ficou alegre ao descobrir que a "porcaria" era areia. Além disso, lavou cuidadosamente o chão, fazendo-me mudar minha cadeira de lugar para continuar seu trabalho. Em certo momento da limpeza, encontrou alguns pingos de água no chão. "Isso aí é 'pipi' (urina) de nenê. Ela se levantou da cama e veio pra cá fazer 'pipi'; que menina mais malcriada, ela é uma chata", disse.

Brincadeira com areia: Joyce fez um "bolinho" e cozeu-o.

Chá: Ela era a mãe fazendo o chá e eu, o papai. De repente disse: "Minha filhinha está chorando", pegou a boneca e tirou-lhe as fraldas. Ao sentir fedor de "porcaria", disse: "Ela é uma peste. Sujando a fralda".

A identificação com a mãe é, mais uma vez, clara, mas agora os atos de Joyce estão mais ligados à realidade e refletem o comportamento de sua própria mãe: lavar e cozinhar. Além disso, muitos dos comentários

Considerando o brincar como um todo, o modo como Joyce reage às frustrações mais graves é muito evidente. Em primeiro lugar, ela é cruel e tenta superar isso com a força, recusando qualquer ajuda. Mas há também outros métodos menos impetuosos, representados sob a forma de uma pergunta: "Por que você está chorando, nenê?"

Em sessões posteriores, à medida que o brincar prosseguia, a violência aumentou até que Joyce acabou por jogar o bebê no fogo e, depois desse clímax, moderou-se e mostrou maior preocupação. Agora já não é difícil entender por que ela não consegue ir à escola. Ao longo do brincar, a brutalidade da "mãe" é vista claramente. Como sua mãe na verdade não é assim, o arquétipo da mãe brutal é projetado na professora, a quem não consegue vencer e em cuja presença é vítima de sentimentos de impotência e medo que a levam às lágrimas.

Conclusão:
Esses episódios do brincar representam uma característica comum do desenvolvimento: a inveja e o ciúme de uma garotinha diante da chegada de um irmãozinho. Isso ocorreu no período em que seu conflito edipiano estava em evidência e a identificação com a mãe provinha em boa parte desse período. Todavia, ao mesmo tempo houve uma regressão, expressa por meio de sua violência maníaca e tão defensiva. As tentativas de resolver as ansiedades pela regressão e pela identificação com o bebê não surtiram efeito, pois a crueldade de seu brincar e a tendência a tratar os bebês como bons *ou* maus – e não ambas as coisas – a coloca numa posição que não pode ser mantida, pois ela se desenvolveu o bastante para reconhecer que uma pessoa pode ser boa *e* má.

Alguns trechos do brincar apontam para outras características da fase edipiana. Estão presentes ansiedades de castração bastante claras. Há uma sugestão da inveja do pênis, ao passo que o interesse e as ansiedades em relação à cena primal são objeto de alusão remota (Cf. p. 116 abaixo).

Há nessa brincadeira ainda uma característica de algum interesse cultural. Os objetos bons e maus (bebês) parecem confundir-se e há em cada um uma tendência a transformar-se no outro. Porém, embora o bebê bom tenha características más e o mau, características boas, eles jamais se referem a uma única e mesma pessoa. Que os opostos se comportem dessa maneira é típico: Jung chamou a isso de "enantiodromia". Sua entremistura é característica não apenas da brincadeira de Joyce, mas também da de muitas crianças e se reflete em formas culturais. Ao contrário dos aspectos dogmáticos do cristianismo, a relação era de especial interesse para os alquimistas, mas a expressão mais organizada de enantiodromia se encontra na filosofia chinesa. A Grande Mônada é um "diagrama" padrão usado provavelmente para meditação. Ele mostra dois peixes, um representando Yang e o outro Yin, ambos do mesmo tamanho e contendo em si um germe do seu oposto. A mônada infere uma relação fásica entre ambos; quando Yang predomina, Yin é recessivo e vice-versa. Esse princípio se vem aplicando a toda a natureza e à história das nações.

A importância cultural do brincar de Joyce é, assim, o fato de ela estar exprimindo de forma direta, simples e flexível o padrão de um sistema dinâmico que foi abstraído, refinado, pensado e desenvolvido em uma idéia filosófica complexa.

CASO 2 — A FIXAÇÃO DO PAI

O registro do brincar de Joan, garota de dez anos e meio, abaixo apresentado, foi extraído de uma longa série de registros ao longo de mais de um ano. Longe de casa, passou a apresentar profusa enurese noturna. Joan sempre havia sido enurética, mas apenas levemente, de forma que, ao voltar para casa, o problema deixava de ser sério. Ela havia nascido na Índia e vindo para a Inglaterra aos 4 anos. Dois anos depois, o pai abandonou a família, deixando-a praticamente na miséria. Joan tinha do pai boas recordações, de modo que o forte golpe do abandono expressava-se na sensação que tinha a garota de que jamais se casaria quando crescesse, pois isso criaria a possibilidade de ser, como a mãe, abandonada pelo marido.

Logo no início da sua ludoterapia, Joan contou-me dois sonhos.

Sonho 1
Uma bomba caía no quintal e eu colocava a cabeça entre os braços, esperando a explosão que me mataria. Minha mãe foi lá fora e colocou terra sobre a bomba e, em cima de tudo, um vaso no qual nasceu uma flor.

A mãe de Joan é aqui mostrada como boa, dando a afetos destrutivos uma forma positiva.

Sonho 2
(Joan o relatou após haver freqüentado a clínica por algumas semanas.)
Meu pai havia voltado. Ele era casado com a Sra. Wood e estava arrumando as sacolas antes de vir nos visitar.

Joan quase morreu de alegria com esse sonho e o contou à família. A mãe, sem dúvida também contente com ele, disse: "Quem sabe você não vai encontrar o papai bem na porta quando sair?", mas a irmã manifestou-se com um cético comentário: "Quando se sonha com uma coisa, ela nunca acontece!"

Respondendo a uma pergunta, Joan disse que havia apenas vislumbrado o pai e não poderia dizer com certeza como ele era. Acrescentou: "A Sra. Wood mora ao lado e tem uma família enorme".

Já que esse sonho foi relatado logo após sua chegada à clínica, é justo supor que ela já tivesse começado a transferir seus sentimentos para mim. Eu comecei a parecer o pai que ela lembrava e, assim, já está sendo criada uma situação em que ela pode retomar o desenvolvimento interrompido pelo abandono do pai. Seu brincar poderá dar pistas sobre sua capacidade de lidar com esse problema. Na verdade ela não terá consigo a mãe, de forma que os efeitos explosivos, destrutivos, do primeiro sonho provavelmente se farão sentir, assim como os elementos positivos que vivem "ao lado".

Jogos de perseguição
Assim que se acostumou à clínica, ela deu início a uma série de jogos de perseguição. Corria o mais rápido que podia, convidando-me a persegui-la; corria até que eu "perdesse" e então se escondia, esperando que eu a encontrasse. Se assim fosse, ela se rendia por um instante com algum prazer, mas depois valia-se dessa rendição para fugir novamente. Aqui Joan demonstra seus sentimentos ambivalentes, provocadores, sedutores e ansiosos, provavelmente ligados à violência de seus medos sexuais. Nessa brincadeira difícil, ela está evidentemente relacionando-se com o lado obscuro do pai, expresso no sonho da bomba.

Às vezes ela desistia da perseguição e dava início a outras brincadeiras, picando papel e misturando-o a pedaços de grama para fazer uma "torta venenosa".

Jogos com bola
Quando começou a brincar com uma bola, seus jogos mudaram. No início, ela a arremessava ao chão ou contra a parede, pegando-a no rebote. Depois ela me incluiu no jogo, embora não me permitisse pegar a bola, preferindo arremessá-la para longe; uma vez em direção ao sol, dizendo que eu não deveria pegá-la se não fosse "diante do sol". Em seguida, passou a impor outras condições como, por exemplo, a de que eu não pegasse a bola antes do rebote. Por fim, resolveu jogar *rounders*[1], definindo quatro pontos obrigatórios para as jogadas. Nessa parte do jogo, não havia conflito quanto a quem deveria ter a posse da bola, já que havia as regras formais do jogo organizado.

As seqüências de jogos com bola sempre terminavam com uma partida de *rounders*. Trata-se de um jogo formal no qual há quatro bases, uma das quais é a "base principal", ponto de início e fim. No jogo, ela conseguia exprimir mais facilmente seu antagonismo e competitividade em relação a mim – não precisava temer um ataque, pois as regras do jogo o impedem. Essa condição não durou muito; não seria de esperar que durasse.

Não é preciso enfatizar o elemento social nesse jogo. Porém a sua forma é uma mandala que alia dois elementos simbólicos. De acordo com Jung, quatro é um número que expressa opostos em relação de estabilidade ou completude; a idéia de enfrentar um problema representa essa estabilidade. *Rounders*, como implica o próprio nome[2], envolve a idéia de círculo, símbolo amplamente conhecido que expressa desde a magia defensiva até uma forma perfeita.

Supondo que a criança tenha inconscientemente definido os quatro pontos do jogo para exprimir aquilo que para ela é equivalente a essas idéias, poder-se-ia inferir que ela e eu personificamos funções anteriormente em conflito, mas agora complementares, numa rivalidade segura.

O simbolismo do jogo de bola parecia exprimir uma maior sensação de segurança por parte da criança. De fato, após o início do jogo, a ansiedade foi temporariamente dominada, conforme exigiria o seu simbolismo, já que a mandala representa um todo estável. Esse estado implica que, a partir daí, um enfoque diferente dos conflitos de Joan viria à tona.

---

1. Jogo britânico que deu origem ao beisebol. (N.T.)
2. O substantivo *rounder* deriva do adjetivo *round*: redondo, circular. (N.T.)

Jogos com água

O grupo de jogos que se seguiu girava em torno do uso da água. Joan inicialmente ficou interessada ao ver um garoto brincando com uma mangueira. Tentou obstruir o fluxo da água pisando na mangueira. O garoto reclamou e ficou ainda mais chateado quando Joan insistiu. Ela então resolveu ir até a torneira e fechá-la, mas o garoto a abriu novamente. Seguiu-se um jogo em que o rival tentava deixar fluir a água enquanto Joan tentava impedir que isso acontecesse. Depois, enquanto o garoto estava abrindo a torneira, ela pegou a mangueira e esguichou água nele. A certa altura, Joan quis ir ao banheiro e, na brincadeira subseqüente, a relação entre o fluxo da água e a ida ao banheiro tornou-se particularmente perceptível.

Em outras sessões, Joan usou a água para fins distintos, como por exemplo, regar as plantas do jardim ou encher um pequeno lago de concreto. Às vezes, enquanto molhava o jardim, encontrava rachaduras no solo (era um verão muito seco); concentrava-se nelas e parecia enfiar a água dentro da terra. Enquanto isso acontecia, seu olhar ficava brutal. Em uma das sessões, ficou muito agitada e molhou uma terapeuta que estava presente. Esguichou água nas pessoas, inclusive em mim. Ao fazê-lo, chamou-me de "lixo", como fez com o garoto e também com a outra terapeuta. Quando se excitava, tornava-se muito imperiosa.

Assim, a brincadeira com a mangueira provocava em Joan mudanças de humor – uma inconsciência passiva e ausente enquanto enchia o lago, uma brutal concentração enquanto enchia de água as rachaduras, uma excitação imperiosa quando atacava as pessoas, um estado mais ou menos neutro quando molhava o jardim.

Nessa brincadeira, a sexualidade de Joan veio mais à tona. Sua rivalidade com o garoto implicava sua inveja do pênis, seu desejo de atacar o pênis dele e possuir um ela própria. Suas atividades colocaram em primeiro plano a origem instintiva de sua enurese noturna. Aparentemente, havia fantasias com relações sexuais bem perto da superfície: ela as concebia como selvagens e brutais e, se isso estivesse correto, no brincar ela iria representar principalmente papéis masculinos, mas possivelmente também femininos. Portanto, interpretei para ela seus próprios atos e sentimentos. Joan imediatamente esguichou a água mais uma vez sobre a terapeuta, demonstrando menos inibição, menos excitação e mais controle em sua atividade. Essas mudanças sugerem que minha intervenção valeu para reduzir sua ansiedade.

Jogos escolares
A série seguinte de jogos girava em torno da escola. Neles, Joan invariavelmente representava a professora diante do quadro-negro, ensinando ortografia e matemática. Vários dos problemas surgidos na escola revelaram-se no jogo. Ela estava evidentemente imitando a verdadeira professora – eu participava do jogo como seu aluno, verbalizando alguns dos protestos que eu imaginava que ela gostaria de haver manifestado na escola. O devaneio era um deles, o tédio, outro, prazer quando acertava nas somas, e também queixas contra a professora. A qualquer tipo de "malcriação", ela reagia a princípio com violência verbal e, depois, com ameaças de punição física.

Essa brincadeira lembra a de Joyce na severidade da desaprovação e dos castigos: mais uma vez, a brincadeira é cruel e – como a de Joyce – não se relaciona à realidade. Em cada caso, a criança está trabalhando seu medo da punição sádica por meio da identificação. Porém em Joan as fantasias e impulsos agressivos estão claramente avançando e relacionando-se a uma organização genital mais madura.

A sombra
Um dia Joan começou a brincar com um quebra-cabeça e resolveu completá-lo. Era um quebra-cabeça fácil que ela certamente teria terminado de montar se quisesse, mas cansou-se dele e referiu-se a "mim e à pessoa que pode resolver este quebra-cabeça" – cindiu-se em duas.

Então foi até um quadro-negro e fez um desenho (Desenho I). Primeiro ela fez um contorno pontilhado e me perguntou o que eu achava que era. Sugeri que era a sombra de uma pessoa, um fantasma. Ela imediatamente começou a elaborar as partes da figura com mais detalhes. Enquanto o fazia, eu lhe fiz perguntas sobre o desenho. Por que as orelhas grandes? Respondeu que elas ficavam assim quando a mãe gritava com ela. E os dois rostos? "Ah, isso é porque eu falo comigo mesma." Logo em seguida, escreveu no quadro: "fantasma do Dr. Fordham" e daí seguiu-se um jogo descontrolado – às vezes fugindo do "fantasma do Dr. Fordham", às vezes atacando-o violentamente com ameaças, "surras", tirania e tentativas coibidas de morder. Por fim, ela me ordenou que ficasse parado, sem me mexer.

Quando, depois, eu lhe perguntei sobre os fantasmas, ela me disse que havia fantasmas bons e maus. Os bons eram gentis com ela, isto é, eram como as recordações que tinha do pai.

Assim, o comportamento de Joan ilustra duas formas de lidar com o objeto amedrontador: ela foge e se identifica com ele. Que ela foge está claro, mas qual a prova de que há identificação? Em primeiro lugar, ela se torna cruel e brutal, usando inclusive a boca para morder. Já que é este lado seu que ela teme expressar, seus atos podem ser tomados inequivocamente como uma manifestação de sua identificação defensiva contrafóbica; em termos de fantasia, ela foi devorada pelo fantasma e emprega sua forma de ataque (Cf. também a Figura IV, p. 74). Entretanto, a identificação é transitória; ela a torna objetiva por meio da projeção em mim e então separa-se dela, definindo um lugar em que possa ser confinada e controlada.

A partir daí, embora ocorressem algumas perseguições de mentirinha, verificou-se mais uma mudança no brincar de Joan. Seguiu-se uma longa série de jogos na qual ela se tornou a mãe cuidando dos filhos, le-

Desenho I – "A sombra" (cópia do original)

vando-os à escola, cozinhando, mandando filhos imaginários levarem recados, deixando a casa "arrumadinha" e mantendo longe a "gente ruim". Isso comprova que Joan havia elaborado sua identificação com a imagem negativa do pai e estabelecido suas identificações edipianas com a mãe.

Uma antiga recordação
Certa vez brincou que ela e eu fazíamos uma longa viagem de trem, uma viagem de três dias. A expressão "três dias" refere-se à Índia, então perguntei-lhe que lembranças tinha daquela época. Ela me disse que um dia o avô vira uma cobra passar a cabeça por sob a porta da casa em que moravam. O pai e o avô mataram o animal.

Meu objetivo ao citar essa recordação é ilustrar como o brincar se associa tanto ao passado quanto ao presente. A ação dramática de muitas brincadeiras indica, mas também esconde, as realidades mais simples e, geralmente, sofridas.

Boa parte do brincar de Joan é uma dramatização de como se sentia em relação ao pai quando era pequena. A recordação, ao contrário das outras, é da violência dele na realidade. Eu supus então que ela quisesse contar-me, por meio dessa lembrança, que a violência do pai – e, portanto, também a sua – era defensiva e nem sempre visível.

UMA COMPARAÇÃO ENTRE O BRINCAR DAS DUAS CRIANÇAS

A comparação entre as brincadeiras dessas duas crianças revela muitos pontos de similaridade. Em ambas há o mesmo problema no uso de regras e regulamentos, a mesma tendência a punir e rejeitar o que é mau. Em ambas a brincadeira é usada para elaborar e dominar ansiedades que não poderiam ser administradas no cotidiano. E, em ambos os casos, a fonte da ansiedade são pulsões agressivas e libidinais não integradas e as fantasias a elas associadas. São essas funções do brincar, como um todo, que o tornam terapêutico, principalmente quando há tolerância por parte dos adultos.

As diferenças podem ser resumidas da seguinte maneira: Joan demonstrava maior deliberação e capacidade de entender o que fazia; havia menos reação espontânea direta, menos interesse pela vida puramente doméstica e mais pela escola. Ela, de fato, possui uma visão mais ampla e, apesar da presença de afetos infantis primitivos, eles só são expressos após a elaboração de defesas mais bem estabelecidas. Em resumo, seu ego é o mais forte dos dois porque ela é mais velha.

UMA CONSIDERAÇÃO A RESPEITO DO BRINCAR SOCIAL

O brincar infantil, conforme tem sido registrado e discutido, aponta para os jogos organizados tão presentes nos sistemas educacionais e na vida cultural. Eles têm características de interesse psicológico suficiente para merecer um breve comentário.

Em todos os jogos há um conflito entre dois "lados", cada um composto de uma pessoa ou, quando há um número delimitado, cada membro participa de um grupo que se opõe ao "outro lado". Os dois grupos concorrentes têm exatamente o mesmo número de participantes e organizam-se da mesma maneira, porém cada lado tem preso a si um determinado tom emocional; um lado é positivo – o "nosso" lado – e o outro é negativo – o lado "deles". É a partir desses opostos que se desenvolve a atividade do jogo.

A oposição essencial dos processos psicológicos é, portanto, expressa no jogo, cujo objetivo é fazer com que o nosso lado "bom" vença. O indivíduo, sendo um membro do lado, pode ser concebido como representando o ego, tomado apenas como parte da psique, a qual o contém e a muitas outras figuras de igual ou maior poder, dispostas em opostos. Cada lado objetiva vencer e geralmente, mas nem sempre, se chega a um resultado definitivo. É característico das crianças identificar-se com um "nosso lado", que representa o lado melhor e, portanto, exteriormente representa as pessoas "boas" e internamente, os objetos bons ou superiores.

Essas características tornam os jogos organizados um campo particularmente adequado à expressão de estados emocionais e, por isso, o entusiasmo pelos jogos é muitas vezes mais comum que o entusiasmo pelo "trabalho". Porém os jogos podem ser jogados de várias maneiras, com espíritos distintos, e o espírito do jogo está ligado ao da comunidade em que ele é praticado. Seja como for, em todos eles as idéias de um jogo justo, da capacidade de aceitar uma derrota e de valorizar o lado derrotado estão profundamente arraigadas em nossa sociedade.

Se há uma coisa que contribui para a saúde mental é a percepção de que fazemos parte de um todo, não apenas psíquica como também socialmente, e de que sempre há, ao mesmo tempo, um lado que, embora seja inferior, precisa ter o seu lugar. A maior parte do trabalho analítico orienta-se no sentido de conseguir trazer o lado inferior ou sombra (isto é, o "deles") à consciência – e as dificuldades disso decorrem do fato de ele haver sido expulso da consciência por causa do desenvolvimento excessivo de um lado da personalidade. Nos jogos, isso equivaleria a subjugar o outro lado mediante métodos injustos, trapaças e faltas contra um ou mais de seus membros. Assim, os jogos fornecem uma ilustração do modo como a vida coletiva afeta processos psicológicos profundamente arraigados e representa-os na consciência, atenuando assim as atitudes irrealistas.

3 Sonhos

A amplificação é, sem dúvida, o mais sofisticado método que Jung desenvolveu para elucidar o significado dos sonhos. Já que eles podem revelar imagens míticas e, em alguns casos, têm características de uma história, a amplificação pode ser e tem sido aplicada aos sonhos. Com ela, é fácil mostrar que as formas arquetípicas estão em ação na primeira infância. As figuras parentais são freqüentes, a sombra, o *animus*, a *anima* e as representações do *self* (Cf. p. 84 abaixo) podem ser encontradas bem antes do início da adolescência.

O estabelecimento de analogias entre um sonho infantil e complexas formas mitológicas foi um grande feito, numa época em que se começava a compreender que o comportamento e o brincar das crianças pequenas indicavam a influência de fantasias inconscientes muito primitivas nos primeiros meses de vida. Ele promoveu maior segurança na aplicação da teoria dos arquétipos ao estudo não apenas da infância, mas também da primeira infância.

Jung, contudo, com ousadia característica, levou sua teoria dos arquétipos e do inconsciente coletivo a conclusões que, como já sugeri anteriormente, poucos podem segui-lo.

Os sonhos infantis causavam-lhe claramente forte impressão: "Muitos deles são sonhos de caráter 'infantil', muito simples e imediatamente compreensíveis, ao passo que outros contêm possibilidades de sentido, quase a ponto de nos provocar vertigem, e coisas que só revelam seu significado profundo à luz de paralelos primitivos (...). A infância (...) é o tempo em que surgem, (...) diante da alma da criança, aqueles sonhos e imagens de ampla visão, a condicionar-lhe o destino, concomitantemente com aquelas *intuições* retrospectivas que se estendem, para além da esfera da experiência, até à própria vida de nossos *ancestrais*" (OC VIII/1, parág. 98).

Embora Jung tenha modificado seu posicionamento em publicações posteriores, esse trecho sugere que os sonhos arquetípicos da infância respaldam a idéia da existência de uma herança cultural que, não sendo transmitida pelos pais ou professores, é acessível *a priori* a uma criança. Ele prossegue dizendo que a carga hereditária da criança é "altamente diferenciada" e "(...) é constituída pelos sedimentos mnêmicos de todas as experiências legadas pelos ancestrais" (ibid., parág. 99).

Esses e outros trechos semelhantes tiveram grande influência e tenderam a desviar a atenção da análise dos sonhos em termos da própria criança. É aqui que o emprego da amplificação pode levar e levou a especulações adultomórficas, expressão que significa a atribuição errônea de características adultas às crianças. Em decorrência disso, o meio para a compreensão das crianças é bloqueado. A tendência a aferrar-se a fantasias e sonhos interessantes para relacioná-los a formas sociais e míticas pode ser irresistível, mas leva a esquecer que as imagens são desenvolvidas pela criança. Neste livro já foi proposta a idéia de que a criança não herda de nascença uma cultura revelável em sonhos, como implica a formulação de Jung. Após a rejeição da posição extrema adotada pelo mestre – que ele próprio rechaçou posteriormente –, ainda nos resta elucidar toda a questão. Sem dúvida, há um elemento cultural cujos sinais podem ser observados no comportamento, nas idéias, nas fantasias e nos sonhos infantis. A controvérsia gira em torno do modo como explicar essa situação. Há três maneiras de abordar o assunto:

1. Pode-se sustentar que toda a herança cultural seja transmitida nos genes. Não há nada em favor dessa proposição. Apenas os arquétipos são herdados e, mesmo assim, isso não foi provado, embora esse tenha sido o último posicionamento de Jung e aquele de que eu também compartilho.

2. A herança cultural é transmitida pelos pais e professores, que progressivamente induzem a criança a adotar os valores tradicionais da sociedade em que ela vive.

3. A própria criança desenvolve padrões de comportamento, pensamento e fantasia como parte do amadurecimento. Ela utiliza inicialmente processos primitivos de pensamento que se vão tornando cada vez mais refinados para descobrir o que é válido, adaptando-os então às exigências da sociedade à medida que vai descobrindo sua estrutura.

Nas páginas seguintes, tentarei elucidar essas formulações, no intuito de encontrar-lhes uma resposta. Inicialmente estudarei o que se conhece acerca dos sonhos dos bebês e de seu desenvolvimento na primeira infância; em seguida, interpretarei um sonho impressionante, dotado de características míticas patentes; finalmente, utilizarei a técnica da série de sonhos de Jung para verificar se é possível aduzir outras provas que lancem maior compreensão sobre a questão.

SONHOS NA PRIMEIRA INFÂNCIA

Sem dúvida, os processos oníricos começam muito cedo. Sabe-se, inclusive, que se podem registrar ritmos REM[3] no cérebro já na vida intra-uterina. Como eles estão estreitamente relacionados com o sonhar, deve-se supor que haja alguma espécie de processo onírico em atividade, embora seja difícil imaginar como possa ser esse sonho. A observação de bebês dormindo indica também perturbações que podem muito bem ser causadas por sonhos.

Abaixo, um exemplo da atividade onírica de um bebê:

Por algum tempo, verificou-se que um garoto de nove meses vinha despertando durante a noite, ocasião em que era encontrado sempre agarrando-se agitadamente ao berço. A mãe habilmente descobriu que, se retirasse a lateral do berço e levantasse o bebê na direção para a qual ele olhava, o menino acabava sempre indo esconder-se debaixo do berço. Depois disso, ele voltava a dormir. Ela concluiu então que ele via um objeto em movimento indo em sua direção e que as atividades eram a continuação de um sonho.

Na época, a criança havia começado a comer sólidos e, dentre outros alimentos, comera peixe. Ao peixe ele associara um som que emitira durante a agitação manifestada à noite. Mais ou menos nesse mesmo período, acordou chorando durante um passeio ao jardim e, entre lágrimas, emitiu o mesmo som. A partir desse e de outros sinais, a mãe inferiu que ele provavelmente havia sonhado com algo como haver sido mordido por um peixe.

---

3. REM, acrônimo do inglês *Rapid Eye Movement*, ou seja, movimento ocular rápido, usado para designar a etapa do sono em que ocorrem sonhos. (N.T.)

SONHOS NA SEGUNDA INFÂNCIA

Registram-se raras observações e, ao que eu saiba, não há estudos sistemáticos dos sonhos dessa fase da vida. Nos últimos anos foram coletados muitos dados e, com efeito, já que uma criança pequena pode brincar, o conteúdo de seus sonhos pode ser deduzido correlacionando-se perturbações do sono com o comportamento, conforme ilustra o exemplo abaixo. Uma garotinha de apenas 3 anos estava sofrendo de terrores noturnos. Nas sessões que tivemos, a princípio ela manifestou muita ansiedade ao separar-se da mãe e deu início a uma série de jogos cujo tema central consistia em morder vários objetos. À medida que os jogos se tornaram mais violentos, os terrores noturnos diminuíram e finalmente cessaram.

Note-se que o morder aparecia nos sonhos tanto da garotinha quanto do bebê anteriormente mencionado, que estava no processo de desmame. Tendo em mente o importante lugar que têm as fantasias muito primitivas que ocorrem ao mesmo tempo que o morder o seio na primeira infância, o bebê e a criança pequena provavelmente estavam no processo de representar seus ataques orais ao seio ou derivados. Cada um a seu modo, eles estavam apavorados com um perigo sentido como real e físico, pois objeto e fantasia ainda não eram distinguidos.

A observação de que os primeiros sonhos infantis estão muitas vezes associados ao morder foi corroborada e generalizada pelo estudo de crianças em idade pré-escolar. Despert, por exemplo, coletou 190 sonhos de 39 crianças entre 2 e 5 anos de idade. Para isso, providenciou bonecas e camas infantis, além de um divã e um travesseiro de dimensões normais. Como em geral a fala ainda não era desenvolvida o suficiente, a criança podia responder a perguntas ou comunicar espontaneamente os sonhos por meio de ação dramática usando os brinquedos.

Usando essa técnica, Despert chegou às seguintes conclusões: os primeiros sonhos de crianças de 2 anos estão associados a três declarações – "Me persegue (...)", "Me morde (...)" e "Me come (...)" – mas não há menção a "como" isso ocorre nem a "quem" atua. Entre os 3 e os 5 anos, o agente torna-se específico: é sempre um animal e, além disso, um animal real – um cachorro, um urso, um tigre etc. –, proveniente do ambiente doméstico imediato ou mencionado ou visto em fotografias. Essas observações sugerem que as imagens primárias dos sonhos de uma criança pequena são realistas. Após os 2 anos, surgem outros temas, como os ataques a um irmão menor. Só por volta dos 3 ou 4 anos são registrados fantasmas e bruxas. Em torno dos 5 anos, surgem pessoas que "freqüentemente são destrutivas, de tamanho e poder sobre-humanos e, às vezes, sobrenaturais" (Despert 1949, p. 161). Fogo e água são elementos comuns, e especialmente interessante é o fato – ao qual faremos referência posteriormente – de que, com apenas uma exceção, os pais não aparecem em papéis hostis, agressivos ou destrutivos. Assim, por volta dos 5 anos de idade, está desenvolvida uma gama bastante ampla de temas.

Essas conclusões sugerem que o padrão conhecido posteriormente na mitologia como a mãe devoradora animal surge bem cedo – como, aliás, seria de esperar – e origina-se na projeção de fantasias violentas que acompanham as primeiras experiências de amamentação e a frustração das pulsões orais.

SONHOS A PARTIR DOS 5 ANOS

Aparentemente, não há dificuldade em obter informações das crianças pequenas sobre seus sonhos, mas, a partir de um certo momento, isso pode tornar-se difícil. Desenvolvem-se atitudes sofisticadas, que geralmente refletem as dos pais, que podem facilitar, obstruir ou distorcer a comunicação. Algumas crianças falam livremente sobre seus sonhos, outras "nunca" sonham, ao passo que outras ainda os suprimem no todo ou em parte e, finalmente, há as que os inventam. E, assim, a forma como eles são coletados é tão importante quanto o seu conteúdo.

Séries de sonhos
Duas séries de sonhos de um garoto, John, e uma garota, Jane, foram coletadas por sua mãe, que neles tinha particular interesse pelo fato de haver tido contato ela própria com a experiência analítica. Esclarecido isso, as duas crianças começaram a contar seus sonhos e, assim, surgiu um diálogo que se tornou parte do dia-a-dia da família. Geralmente de manhã, elas contavam à mãe os sonhos que haviam tido e trocavam idéias e reflexões a respeito. Essa troca prosseguiu por cerca de três anos e manteve-se graças ao meu interesse por ela, já que a mãe costumava trazer es-

ses sonhos para discutir comigo, em base amigável. Um dos fatores para a coleta dessa série excepcionalmente longa (mais de duzentos sonhos) foi o pedido de ajuda por parte dessa mãe devido à depressão que sofreu após a morte do marido, quando o caçula ainda era um bebê. Que o estudo dos sonhos tenha levado à análise da mãe talvez não seja tão surpreendente, mas não tenho razões para pensar que isso tenha influenciado sua especial relação com as crianças no decorrer do sonhar em si. Tampouco creio que sua psicopatologia tenha influído significativamente no relato deles nem no conteúdo do que as crianças contaram. Todos os sonhos são do tipo que se esperaria e não há elaboração óbvia pela fantasia.

A existência dessa série sugere muito que o fato de as crianças relatarem ou não seus sonhos depende em grande parte da atitude das pessoas que as cercam. Ela contradiz a idéia de que as crianças não falam sobre seus sonhos nem os relatam por alguma reticência inerente ao desenvolvimento infantil. Afirma-se que os sonhos se tornam parte do mundo interior secreto da criança, no qual os pais não podem entrar. O fato de as crianças em idade escolar gostarem de contar ou escrever seus sonhos quando têm essa opção mostra o equívoco dessa idéia. Outra possibilidade é transformá-los em tema de redação.

Alinhadas à idéia de que o fato de as crianças contarem sonhos ou não depende do interesse real ou imaginado dos adultos de seu ambiente imediato, estão os comentários sobre a série de sonhos que estudaremos em seguida neste capítulo. Eles foram feitos por um garoto que fez algumas entrevistas terapêuticas comigo. Naquele momento eu estava particularmente interessado nos sonhos e, por isso, o estimulei muito a contá-los, fazendo-lhe perguntas a respeito na primeira sessão e sugerindo, nas seguintes, que me contasse um sonho sempre que não soubesse o que dizer ou fazer. Ele gostava dos sonhos e eu explorei esse prazer. Em contrapartida, desde que eu passei a aplicar técnicas analíticas à terapia infantil e deixei de pressionar as crianças a contá-los, os sonhos aparecem menos. Quando são relatados, são comunicados como parte de uma situação total e, assim, associados ao brincar, à fantasia e a outras comunicações verbais. Esse procedimento facilita a análise do sonho com a criança, mas, por outro lado, faz com que muitos sonhos deixem de ser contados.

É útil coletar sonhos por meio de um método que explore os sentimentos da criança em relação ao terapeuta porque a compreensão do sonho em si é valiosa – ou talvez eu deva dizer era valiosa quando eu a estava utilizando. Estudar os sonhos dessa maneira facilita a compreensão dos processos pré-conscientes, mas não ajuda a penetrar nos mais inconscientes. Esse método tem, contudo, suas desvantagens, uma das quais se deve considerar agora. Com pouquíssimas exceções, observou-se que a mãe aparece apenas num papel positivo, mesmo quando a realidade contradiz isso. Mesmo os filhos que são maltratados pelos pais – de acordo com os padrões não só dos adultos, mas também das próprias crianças – têm com as mães apenas sonhos bons. As imagens da mãe má são quase sempre mitificadas como bruxas, fantasmas, animais e afins. Os indícios aportados pelas duas crianças são muito interessantes nesse sentido.

O exame dos 95 sonhos da série relatada por John mostra que a mãe aparece quarenta vezes. Ela é solícita, consoladora, idealizada, educadora, mediadora ou passiva. Quando está ausente, conhece-se seu paradeiro; às vezes sua ausência é lamentada. Nunca é demasiado frustradora; às vezes é tão vítima dos perigos quanto os filhos. Houve uma exceção que foi quando, num sonho, ela se matou. O mesmo se aplica à série de Jane, portanto a diferença de sexo não afeta o resultado.

Agora, essa mãe era uma mãe boa o bastante, a despeito da depressão e da necessidade de substituir a lembrança do marido pela concentração do investimento libidinal nos filhos. Ela era criativa, solícita e raramente, se muito, perdia o controle ou era violentamente agressiva com os filhos. Mas ela os punia ou frustrava quando preciso; não há nenhuma sugestão de que essas situações se tenham tornado tema de sonhos.

Um indício que confirma essa situação vem de um comentário feito por John. Certa vez, ao contar parte de um sonho, ele disse: "Tive outro em que Mamãe tinha papel de má, mas eu não lembro desse sonho porque não vou deixar que ela tenha esse papel. No meu sonho, ela só faz papel de boa". A irmã concordou. John tinha 7 anos e sete meses e a irmã, 11 anos e quatro meses de idade.

O fenômeno, inicialmente observado por Despert, que o denominou "segregação", é geral e deve-se à supressão deliberada ou esquecimento. Ele pode ser associado a uma característica comum da infância. A necessidade de manter a visão dos pais – e, principalmente, da mãe – como bons é claramente observada no fato de as crianças se recusarem a – ou não conseguirem – tolerar as críticas feitas aos pais por outras pessoas. Isso pode ser observado ainda mais durante a análise infantil. Para que uma criança reconheça e assimile a sensação de que algum dos pais é, em qualquer sentido, mau, é preciso que ela saiba que o analista reconhece que ele é predominantemente bom.

Essa situação provavelmente decorre da dependência que a criança tem dos pais e da necessidade original de que a mãe seja boa o bastante. Na infância isso queria dizer que a mãe era boa e *não* má e, se na realidade ela não fosse boa o bastante, teria de ser "alucinada" como boa. É esse estado anterior de coisas que persiste nesses fatos irracionais do comportamento e do sonhar infantis.

Antes de partir para a consideração da seleção de sonhos com manifestação de temas arquetípicos, é necessário declarar que eles não são comuns. Da série de duzentos, Jane relatou 91, a maioria sobre questões pessoais na escola e no lar. Entre eles está um grupo de cinco "grandes sonhos", os quais serão agora estudados.

Um sonho "mitológico"
Aos 9 anos e um mês de idade, Jane passou por dificuldades em seus relacionamentos pessoais na escola. Não havia nada de muito tangível, ela não criou inimizades nem se dava mal com os professores, mas era algo evidente, uma espécie de ausência de alguma coisa que se esperaria dela. Havia uma forte sugestão de que essa situação interior fosse proveniente da trágica morte do pai, que a deixou muito perturbada. Mais ou menos na mesma época em que ela contou o sonho, a professora notou uma "melhoria geral" em seu rendimento e seus relacionamentos pessoais.

"Eu tinha um bebê dourado com uma estrela de prata na testa. Um dia eu estava na beira de um rio e aí aconteceu uma coisa horrível. Meu bebê caiu no rio. Então eu perguntei ao dragão onde estava minha filha, e ele respondeu: 'Eu vou ficar com ela'. Aí eu fiquei numa ilha em forma de triângulo, cheia de árvores em volta, com uma amiga. Então chegaram umas crianças negras e se deram as mãos, cercando a ilha. Então eu disse à minha amiga: 'Vamos dar um jeito de passar por essas crianças'. Nós conseguimos passar. Então eu fui até o rio. Mergulhei e peguei o meu bebê."

Esse sonho é único dentro da série. Ele possui uma beleza e uma simetria não encontradas em nenhum outro. Apesar de Jane haver relatado outros sonhos de características míticas nessa mesma época, eles acabavam descambando em fatos do dia-a-dia. Nos anos seguintes, ela teve mais um ou dois sonhos isolados, ecos do passado, que jamais chegaram a esse nível de perfeição. Por conseguinte, o grupo só pode representar a culminação de mudanças críticas que estavam ocorrendo no mundo interior de Jane.

Teçamos primeiro algumas considerações sobre o sonho como um todo. Sua estrutura e seu padrão dinâmico representam uma seqüência integrativo-deintegrativo-reintegrativa (Cf. pp. 101-102 e Capítulo 6 abaixo). A união mãe-bebê começa e termina nele; o dragão deintegra-se em inúmeras figuras: a ilha triangular com árvores, crianças negras e uma amiga. O bebê inicialmente é muito idealizado; depois ele se torna "meu bebê" e, assim, representa um acesso ao sentimento pessoal, que parece ter sido conquistado das imagens impessoais.

Em seguida, a maioria das imagens, independentemente da feição de conto que tem o sonho, é comum em mitos e contos de fadas: o dragão, rios, árvores, ilhas mágicas, a estrela, ouro e prata. Acrescente-se o tema do deixar cair ou imergir – em geral no mundo subterrâneo. O evidente desejo de Jane de ser mãe e ter um bebê é idealizado por meio de seus atributos (ouro e prata).

Jane teve nessa época outros sonhos que podem ser usados para amplificar o seu "grande" sonho e mostrar que ouro e prata eram importantes para ela em diversos contextos. Um deles ocorreu quando Jane tinha 9 anos e dois meses de idade.

"Havia um leão que era chamado de leão dourado porque ele tinha patas douradas, mas o corpo era prateado. Havia dois príncipes, um da minha sala [de aula] e outro de outro lugar. Os dois queriam aquele leão dourado. Eu empurrei o príncipe para fora da sala dizendo: 'Vá pegar o leão dourado' e ele foi e pegou mesmo. Ele trouxe o leão para a minha sala e colocou na frente do quadro-negro. Eu fiquei olhando, maravilhada. Ao mesmo tempo, eu era o leão dourado. Dei a ele quinze centavos durante dois dias e então eu disse: 'Ah, que pena que agora eu só tenha dez centavos. Não vai dar' e aí eu acordei."

Logo depois (quando tinha 9 anos e três meses de idade), ela voltou a sonhar com ouro e prata.

"Mamãe estava em casa e John e eu estávamos brincando na rua com Christopher [filho de uma vizinha]. Aí Deus mandou papai descer do céu, carregado de ouro e prata. Ele caiu no jardim, mas não se machucou porque estava com os espíritos bons. Então mamãe gritou: 'Jane,

John! Venham rápido ver o que caiu no jardim'. Aí num minutinho a gente estava lá, abraçando e beijando papai. Então a gente entrou em casa e comeu."

Além de mostrar que ouro e prata são importantes, esses sonhos sugerem o desenvolvimento da preocupação pelo pai e uma considerável capacidade de atividade feminina decisiva, dando a entender que, no todo, sua agressividade estava bem integrada e sua identidade feminina, estabelecida e reforçada por identificações positivas.

O fato de deixar cair o bebê no primeiro sonho provavelmente se refere ao trauma em sua vida – com efeito, quando Jane tinha 3 anos de idade, o pai morreu de um ataque cardíaco enquanto fazia um passeio com ela e enquanto a mãe ainda estava no hospital, após o parto de John. O último sonho introduz a morte (papai está no céu e é acompanhado de "espíritos bons") e também o seu desejo de tê-lo no seio da família. Essas características sugerem a culminação de seu luto por ele e o pesar não apenas pela sua própria perda, mas também pela perda sofrida pela mãe e pelo irmão. Sob essa luz, o primeiro sonho representa uma parte do luto que naquele instante estava sendo elaborado. O dragão então representaria o componente negativo, possessivo, voraz – e também o pai e a influência regressiva em seu pesar, que a vinha ocupando e que parecera, de fora, um defeito em sua personalidade.

Seguindo a idéia de que a ilha, as árvores e as crianças são deintegrados do dragão, a ilha triangular e as árvores seriam partes do pai aparecendo sob uma luz mais positiva, ao passo que as "crianças negras" são o quanto de obscuros sentimentos infantis (anteriormente fundidos com o pai e agora dele separados) que existem no caminho do domínio e da elaboração de seu pesar negativo, autodestrutivo, regressivo e voraz. A amiga, de modo geral, mostra a boa integração da sombra por parte de Jane e provavelmente representa sua relação com a realidade, já que o ego onírico é introvertido. No segundo sonho, sua relação com a realidade é mostrada pela forma como ela passa da identificação narcisista com o leão ao reconhecimento realista: "Ah, que pena que agora eu só tenha dez centavos. Não vai dar".

Todavia, resta considerar o bebê dourado, cuja abordagem mediante amplificação intelectual de outras fontes é tentadora.

Para a mente sofisticada, acostumada a lidar com esses temas, não haverá dificuldade em perceber que o bebê contém opostos – o ouro e a prata –, ao passo que a estrela é o oposto do corpo, própria do céu tanto quanto o ouro é da terra, mas isso nos desvia de Jane, apesar de aproximar-nos do universo da linguagem em que ela foi criada. O imenso interesse da mãe em seu próprio mundo interior e simbólico a havia levado a estudar exaustivamente o assunto e a colocar seu conhecimento à disposição dos filhos por meio de contos de fadas, principalmente os *Contos e lendas dos irmãos Grimm* – que Jane lia com grande voracidade – e a Bíblia.

Como judia, a Estrela de David lhe era familiar e, por meio da leitura da Bíblia, conhecia a história do milagroso Jesus-menino. Entretanto, uma criança dourada é referência incomum nos contos de fadas. Talvez ela tivesse lido algum, mas eu só consegui lembrar de "The Golden Children"/"As crianças douradas" depois que folheei os *Contos e lendas dos irmãos Grimm*. Outras referências mais remotas estão no Hiranyagarbha da filosofia oriental, traduzido por Muller como "Golden Child"/"Criança dourada" e por Hume e Zimmer como "Golden Germ"/"Germe dourado". Outras analogias não acessíveis a Jane ocorrem-me do estudo de "A psicologia do arquétipo da criança" (Jung OC IX/1), no qual Jung registra os mitos dos homenzinhos de metal, observando que a criança é representada como "esfera de ouro". Todo esse grupo de imagens refere-se ao *self* e ajuda a entender a criança dourada como uma representação narcisista do *self*. Outras analogias podem ser buscadas na alquimia, que associava o ouro ao leão, ao sol e às fezes, expressando assim bem diretamente o sentimento infantil de que as fezes são parte preciosa do *self* e a equação fezes-bebê-nascimento (deixar cair), que Jane e o irmão haviam elaborado juntos explicitamente num momento anterior de sua vida.

As representações do self

Já se insinuou que a criança dourada é uma representação do *self* – um símbolo do *self* no verdadeiro sentido da união de opostos. Isso não nos deve levar a esquecer que todo o sonho é em si uma representação do *self*. Isso se tornará mais claro se aplicarmos o método integrativo-deintegrativo. Muitos anos antes, Jung havia construído o modelo de um sonho típico.

Ele o dividiu em: situação, exposição, desenvolvimento (peripécias) e solução. A divisão do sonho de Jane conforme o modelo resulta no seguinte:

1. *A situação:* "Eu tinha um bebê dourado com uma estrela de prata na testa. Um dia eu estava na margem de um rio..."

2. *A exposição:* "...e aí aconteceu uma coisa horrível. Meu bebê caiu no rio".

3. *As peripécias:* para maior conveniência, esta parte pode ser subdividida em duas: (a) "Então eu perguntei ao dragão onde estava minha filha e ele respondeu: 'Eu vou ficar com ela'. (b) Aí eu fiquei numa ilha em forma de triângulo, cheia de árvores em volta, com uma amiga. Então chegaram umas crianças negras e se deram as mãos, cercando a ilha. Então eu disse a minha amiga: 'Vamos dar um jeito de passar por essas crianças' – tinha um espaço entre algumas delas. Nós conseguimos passar".

4. *A solução:* "Então eu fui até o rio. Mergulhei e peguei o meu bebê".

Essa seqüência – que posteriormente será estudada em maiores detalhes – pode ser abstraída da seguinte forma:

(a) Ela começa com um integrado: a "situação".
(b) Então há um desenvolvimento que implica a divisão (deintegração) do integrado na "exposição" e no "desenvolvimento".
(c) Finalmente, um novo integrado é expresso na "solução" do sonho.

Todavia, a representação é incompleta, como devem ser todas as representações do *self*. Dentro do *self* estão o ego, a sombra, o pai (dragão) e a mãe (na identificação da própria criança [o ego] com o arquétipo materno). Além disso, o dragão também pode, como a criança dourada, representar opostos. Ele é não só o pai, mas também o aspecto sinistro da mãe que lhe rouba o bebê mágico, bem como sua própria possessividade infantil voraz. Nesse caso, "ele" representa uma condensação que, em outras circunstâncias, é diferenciada em bruxas, rainhas, princesas e outras representações.

Em pós-escrito a essas reflexões, talvez seja interessante recordar que, aos 4 anos de idade, Jane já pensava em termos muito claros a seu próprio respeito e chegou a dizer em certa ocasião: "Eu sou um pouquinho um bebê, um pouquinho uma bonequinha e muito uma mamãe". Por conseguinte, aos 9 anos ela estaria em condições de compreender a complexidade de seu mundo interior e sua capacidade de representar os processos primitivos de seu pesar, aqui idealizado e, em boa parte, elaborado. Se houvesse necessidade de análise – e não foi o caso –, Jane era o tipo de criança que poderia haver entendido o sonho e seu significado. A despeito de sua beleza e das várias analogias que poderiam ser muito mais exploradas do que eu o fiz, esse sonho está relacionado à vida dela, e seus afetos são expressos em imagens acessíveis à sua compreensão.

O *TRANSITUS* DE MÃE A PAI

Os sonhos a seguir registrados, selecionados de uma longa série, mostram um avanço ocorrido num momento crítico da vida de Christopher. Ele era um garoto muito vivo e sensível de 5 anos de idade, em terapia por fazer pipi na cama, sofrer de "ataques gástricos" e constranger os pais com a expressão de comentários pouco elogiosos feitos diretamente às pessoas.

Sonho 1
"Papai sentiu um cheiro de queimado e foi lá dentro e tinha um fósforo queimando que ele tinha jogado lá. O foguinho dançava como as fadas. Mamãe ficou muito preocupada porque a casa podia incendiar e você perde tudo quando a casa pega fogo."

O fato central nesse sonho é o fogo visto por Christopher como uma fada. O fogo é comum enquanto objeto de projeção de fantasias de crianças pequenas; não percebendo suas propriedades objetivas, elas podem até colocar o dedo nele, concebendo-o como algo com que brincar. Mesmo quando conhecem o perigo, elas continuam a brincar com ele e podem deixar-se excitar por seu calor e vitalidade, dançando ou gritando quando ele sobe; Christopher o vê como dança, portanto, como algo rítmico. O ritmo pode ser a base para uma ampla gama de mudanças transformadoras (Cf. Jung OC V, parág. 204 e ss.).

O mundo das fadas está relacionado à natureza no sentido de elas viverem na terra, nos riachos ou nos bosques, e representa uma comunidade mágica altamente organizada de reis, rainhas, cortesãos etc. Existem fadas boas e más, que usam de magia branca e magia negra. É uma magia menor; elas não são nem boas nem más em si mesmas; não como o são os grandes deuses e demônios. Delas diz um mito etiológico:

> É também crença amplamente difundida na Irlanda a de que as fadas sejam anjos caídos que, sendo menos culpáveis que os demais, não foram mandados para o inferno e sim obrigados a viver na terra. Considera-se que elas se sintam muito preocupadas com sua condição após o dia do juízo final. (Keightley 1982, p. 363)

A importância coletiva do fogo está ainda mais registrada no falar comum; sua universalidade como símbolo revela-se na disseminação mundial de mitos relativos à sua origem e nos inúmeros outros em que ele é característica central. Pode-se conceber o fogo como representando a paixão que o garoto exprime no comportamento e na enurese – há uma associação comum entre os sonhos com o fogo e a enurese noturna. O fato de o incêndio haver sido provocado pelo pai de Christopher é de interesse porque ele, como o filho, é vivaz, mas imprevisível; assim o sonho sugere uma identificação entre o filho e o pai. A mãe de Christopher, ao contrário, demonstra ansiedade diante de uma possibilidade real. Como no sonho, na verdade é ela quem faz o instável par "manter os pés no chão", proporcionando assim uma necessária compensação.

Esse sonho retrata as reações individuais da criança e dos pais ao que se poderia chamar, no sentido figurado, de "a chama da vida". Que o conhecimento dos pais verdadeiros possa ser facilmente utilizado para aprofundar a compreensão sugere que Christopher chegou a um bom nível de apreciação das partes essenciais de suas naturezas por meio principalmente da introjeção.

Sonho 2
"Tinha uma bruxa e ela me mandava fazer água na boca e Mamãe disse: 'Não, agora não'. As bruxas foram atrás de Mamãe, de mim e de um bocado de gente. Nós sentamos em cima do muro do jardim da casa. As bruxas corriam atrás das bruxas – as [da frente] fugiram dando a volta. A

bruxa que queria pegar as outras deu uma mancada e aí a outra bruxa fugiu."

"Fazer água na boca" refere-se a um meio que Christopher usava para provocar a salivação, que era chupar as bochechas. No Sonho 1, o objeto dinâmico iniciador era o fogo; desta vez é a saliva e seu uso sugere regressão, já que os bebês costumam salivar quando se coloca uma colher ou outro objeto em sua boca e, em fase posterior, cospem a saliva para aliar afeição a agressão. "Fazer água" sugere também o ato de urinar.

Depois do primeiro sonho e antes do segundo, Christopher viu o filme *Branca de Neve e os sete anões*, que lhe causou considerável impressão. Branca de Neve é uma princesa virtuosa, que é mantida em cativeiro e obrigada a executar as mais aviltantes e servis tarefas pela perversa rainha, sua madrasta, que é uma bruxa. Volta e meia a rainha consulta um espelho mágico, invocando um espírito ao qual pergunta repetitivamente: "Quem é a mais bela de todas?" Ao fazer a invocação, surgem chamas no espelho, das quais sai o espírito para responder-lhe. Na primeira vez, a rainha-bruxa ouve a resposta que quer: é ela a mulher mais bonita do mundo, mas na segunda vez o espírito responde que já não é ela, e sim Branca de Neve. Ao ouvir isso, cega de inveja, tenta em vão matar a enteada, que foge para o bosque e passa a viver em companhia dos anões. Ao descobrir onde Branca de Neve estava, a rainha – recorrendo à magia negra para transformar-se numa velha feia e acabada – sai em busca da enteada e a induz a comer a maçã envenenada. Por causa disso, Branca de Neve cai num transe do qual finalmente é despertada por um príncipe e, assim, a virtude é recompensada e o bem triunfa sobre o mal.

O conflito entre o bem e o mal perpassa toda a história, na qual o espírito da inveja propicia o ponto de partida para o drama subseqüente. Christopher ficara impressionado com ele e a idéia da bruxa tem início aí.

A pintura da bruxa vermelha em chamas (Cf. Figura I) feita por Christopher é impressionante, apesar de muito distante de uma rainha bonita: praticamente desprovida de tronco, ela é dotada de uma imensa cabeça, na qual sobressaem os olhos e um chapéu fálico; Christopher frisou particularmente o seu caráter "pontiagudo". A ausência de um corpo parece negar sua importância. Se a pintura for entendida como a fantasia da mãe fálica, o chapéu em forma de pênis sugere um deslocamento

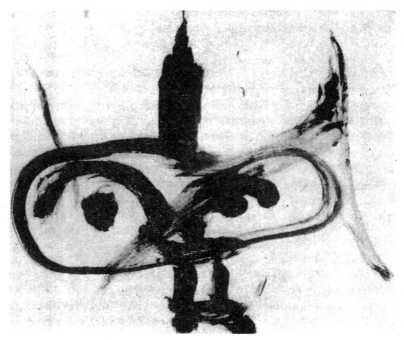

Figura I – "A bruxa"

dos órgãos genitais para cima. Tendo em vista seu posterior Sonho 5, o fato de o chapéu ser tão pontiagudo provavelmente refere-se também, de modo muito dissimulado, às ereções da criança. A ênfase nos olhos também aponta para interesses sexuais, principalmente pelo fato de o olho poder representar o genital feminino e as ansiedades acerca das diferenças sexuais, nas quais ele, na realidade, estava demonstrando interesse na época.

A associação mitológica entre a bruxa e o demônio encontra paralelo na história de sua mãe e indica que Christopher havia assumido (introjetado) essa parte da natureza dela. Afirmar isso não implica a necessidade de supor que Christopher conhecesse a infância da mãe, mas antes que ele sentia em si mesmo as estruturas emocionais que a mãe havia desenvolvido em decorrência das características do início de sua própria vida. O pai dela era um homem violento e brutal, um "demônio" a quem ela temia quando criança e cuja influência persistira até aquele momento. Ela está tão escravizada à própria infância que até uma pequena chama a faz relembrar as experiências destrutivas do passado; o conteúdo negativo de sua resistência contra elas se expressa em suas atitudes convencionais restritivas. A associação feita por Christopher fora contrária: "As bruxas estão sempre se transformando em outra coisa". Tendo em vista que a mãe se apega às convenções, é compreensível que a bruxa que inicia a mudança seja uma representação da temida sombra da mãe: conscientizar-se disso talvez implicasse retornar ao "inferno" pelo qual havia passado na infância, mas poderia implicar também – sem que ela percebesse – a potencialidade de uma mudança que ela expressa semiconscientemente ao vir ajudar o filho.

A bruxa é a forma apropriada de personificar o lado obscuro e "mau" da mãe, pois compensa a rigidez com a expressão de mágicos poderes transformadores, mas ela também está ligada à convicção de Christopher em sua própria onipotência e na da mãe; portanto, a figura do sonho deriva do período das relações objetais parciais, quando a mãe é boa ou má e não ambas as coisas. O conto de fadas associa essa característica ao nosso padrão cultural e, assim, ajuda a domesticar e dar forma a tendências cruéis persistentes. Que a maldade de uma bruxa expressa uma forma social já foi demonstrado por estudos comparativos. As bruxas nem sempre são más. Mesmo entre povos primitivos, elas são tidas como a causa de acidentes, erros e catástrofes pessoais e coletivas; entretanto, a bruxa em nossa cultura deriva de antigos ritos de fertilidade associados à Lua e suas deusas (Cf. Harding 1985). Foi no decorrer da História que a divisão entre bem e mal ganhou lugar especial (Cf. Jung OC IX, parág. 197-198) e, assim, a bruxa ficou associada ao mal, sendo sua contrapartida a Virgem.

Os mitos e os contos de fadas – e especialmente o de Branca de Neve – refletem o padrão histórico e, portanto, tornam-se receptáculos de tendências persistentes da primeira infância; eles enriquecem a fantasia e o sonho de uma forma que é socialmente aceitável. Além disso, nem é preciso dizer que a ansiedade da criança corresponde à atitude social corrente de que uma pessoa má (maléfica) deve ser evitada. Assim, quando o sonho apresenta "um bocado de gente fugindo" e Branca de Neve também foge, temos uma reação previsível – de fato, é isso o que muita gente faz quando se vê diante do mal; as pessoas tentam fugir ou, quando não podem fazê-lo, "ficam em cima do muro".

O sonho prossegue: "As bruxas corriam atrás das bruxas". Aparentemente, onde antes estavam Christopher, a mãe e outras pessoas, agora há *bruxas*. Sabemos que o medo pode produzir identificação com o seu objeto, e isso parece estar sugerido pelo sonho, que poderia ser assim traduzido: "Você passa a ser como uma bruxa quando foge, só quando se distancia é que pode ver o que está acontecendo".

O modo como a bruxa consegue fugir da outra é relevante: ela "dá a volta" – uma ação que na realidade a faria agir mais devagar e tornar-se mais fácil de capturar. Portanto, é provável que essa ação seja mágica. Dar a volta sugere um círculo mágico através do qual nada pode penetrar, tema que é amplificado no sonho seguinte.

Sonho 3
"Eu estava numa casa, olhando para fora por debaixo da porta. Tinha um 'moleiro' que estava cruzando o rio para incendiar a casa. Ele tinha vindo do outro lado do rio. Mas tinha soldados, então não tinha problema. Acho que o 'moleiro' estava vindo porque a gente tinha tirado alguma coisa do moinho dele."

O desenho feito por Christopher (V. Figura II) é um moinho de quatro pás circundado por um rio, juntando assim uma cruz a um círculo: uma estrutura semelhante à mandala, que Jung definiu como símbolo do *self* e associou freqüentemente a Deus. Ele diz, por exemplo (OC XI, pa-

Figura II – "O soldado, a casa da família e o 'moleiro'"

rág. 97): "A idéia destes antigos filósofos era de que Deus se revelou em primeiro lugar na criação dos quatro elementos. Estas *(sic)* eram simbolizados pelas quatro partes do círculo". E posteriormente: "(...) embora o quatro seja um símbolo antiqüíssimo, provavelmente pré-histórico, sempre relacionado com a idéia de uma divindade criadora do mundo" (ibid., parág. 100). Creio que essa amplificação não seja tão fantástica quanto possa parecer a princípio, porque logo antes Christopher havia ouvido falar de Deus e estava muito preocupado com ele.

Se Christopher já tivesse associado o círculo à magia e se Deus lhe parecesse mágico e ameaçador, ao contrário do que normalmente se ensina, a amplificação começaria a fazer sentido, pois ele teria feito sozinho as associações básicas necessárias.

Nos sonhos, *pertencer a* significa *ser igual a* e, assim, o moinho é outro aspecto do "moleiro". Um amplificação do significado generativo do símbolo ocorre no livro de Silberer (1917, pp. 97-98), onde ele afirma:

> Em linguagem simbólica, o moinho significa o órgão feminino ($\mu\nu\lambda\lambda\acute{o}\varsigma$, de onde vem *mulier*) – o satirista Petrônio usa *molere mulierem* (literalmente, moer a mulher) para referência a coito, enquanto Teócrito (*Idílio*, IV, 48) usa ($\mu\acute{\nu}\lambda\lambda\omega$, eu môo) com o mesmo sentido (...). Como Apolo, Zeus também era moleiro ($\mu\nu\lambda\epsilon\acute{\nu}\varsigma$, *Lykophron*, 435) – dificilmente um moleiro na profissão, mas apenas enquanto responsável pelo princípio criador e vivificante da propagação das criaturas.

No sonho, o "moleiro" é ameaçador por causa de um roubo cuja natureza é desconhecida, mas a idéia de que Deus pode ser vingador é familiar na história do jardim do Éden, que Christopher podia muito bem ter ouvido. Uma pista adicional é dada na afirmação de que o moleiro está vindo "para incendiar a casa", que amplifica o primeiro sonho, no qual o fogo provocado pelo pai de Christopher era temido pela mãe porque "a casa podia incendiar". Assim, os dois sonhos amplificam-se um ao outro, e deste se pode deduzir que o perigo é imaginado como proveniente da forma arquetípica do pai.

O sonho termina com a garantia de que os soldados encarregados da defesa são suficientemente confiáveis.

Sonho 4
"Tinha uma bruxa e eu adorava ela. Então ela botou veneno num pano e sacudiu ele assim e disse: 'Ponha seu pé nessa coisa de veneno aí'. Eu disse: 'Não, obrigado. Prefiro minha mãe'. Aí a bruxa disse: 'Se você não fizer isso, eu vou lhe dar uma maçã envenenada'."

Christopher refletiu e me disse: "Eu não ia comer a maçã – essa seria uma boa saída, não é?" Mas ele não lembrou disso no sonho.

Nessa mesma noite ele também sonhou:

"Eu olhava pela janela e via um quarto e minha mãe estava conversando com uma bruxa, então eu perguntei: 'Esse quarto é seu?', e a bruxa gritou: 'É!'."

Nesse sonho há uma mudança evidente no sentido de mãe e filho haverem desenvolvido uma atitude positiva em relação à bruxa – um por meio do amor; outra por meio da conversa. Quando Christopher está com a bruxa, a mãe está em segundo plano em seus pensamentos e é usada como refúgio se a bruxa se tornar demasiado insistente, o que implica que a mãe é a mais onipotente das duas. A mudança estava claramente associada aos avanços na situação terapêutica da criança, pois enquanto ela tinha sessão comigo, a mãe tinha consulta com um assistente social psiquiátrico em outra sala. O perigo da bruxa ainda está presente e relaciona-se às ansiedades anais (a coisa de veneno) e orais (a maçã) do garoto. Aqui há uma ligação com Branca de Neve, pois nessa história é a maçã envenenada que a faz dormir.

Sonho 5
"Eu fui ao lugar onde a gente foi nas férias, mas ele estava meio diferente e eu encontrei Eunice e nós fomos andando pelo caminho e tinha um galho. Eu peguei o galho e tinha uma cobra, sabe, uma cobra venenosa. Ela se levantou (...). Eu pulei em cima dela."

Nesse sonho os pais estão ausentes. Segundo o pai de Christopher, Eunice era uma garota "sem graça", passiva e receptiva, inteiramente feminina e não muito diferente da Branca de Neve do filme. A sugestão de que sua personalidade a torna atraente está na cobra que se levanta como um pênis.

Christopher teme a cobra porque é venenosa – uma referência à sua picada e assim, mais uma vez, às ansiedades orais dele. Além disso, ela provavelmente está associada às suas ansiedades de castração, pois a mãe havia dito a ele que, se tocasse o pênis, iria para o hospital e os médicos o cortariam fora. Além disso, ela havia eludido seus interesses sexuais dizendo-lhe que pedisse a mim as respostas para suas perguntas.

Até aqui, a série de sonhos revela no geral um crescente distanciamento da criança em relação à mãe. Ao longo desses sonhos há críticas a ela: a mãe tem medo do fogo e das bruxas, diminuindo assim a crença do filho em sua onipotência.

A falibilidade da mãe leva Christopher a confiar mais em si mesmo; no entanto, só depois que a mãe enfrenta sua sombra – a bruxa – é que externamente pode surgir uma relação nova e feminina com Eunice; interiormente isso significa uma relação com um aspecto menos onipotente da *anima*. O desenvolvimento ilustra a tese de que a criança tende a deixar-se fascinar e envolver pela sombra dos pais enquanto eles tiverem conflitos não-resolvidos e que, quando tomam iniciativas para resolvê-los, torna-se mais fácil para o filho libertar-se dessas sombras.

Há mais um sonho, que ocorreu alguns meses depois.

Sonho 6

"Gnomos cavando a terra. Papai e eu também cavamos. A gente encontra um monte de coisas, de bichos, cachorros, gatos, burros e tartarugas. Colocamos todos numas caixas, botamos num caminhão e levamos pra casa. Aí eu fiquei com eles."

Pai e filho estão cavando com os gnomos. Estes são espíritos da terra, aliados dos anões, representados como muito úteis no filme de Branca de Neve: eles são espíritos ativos e industriosos que, quando tratados apropriadamente, são cooperativos, mas que, se virem suas regras desobedecidas, vingam-se rápida e implacavelmente. Eles têm mágicos poderes transformadores e guardam os tesouros da terra, tais como os diamantes e outros bens valiosos.

As imagens do sonho acompanham a amplificação "generativa" anterior e também sugerem um tema bíblico pelo qual Christopher vinha demonstrando interesse, portanto é possível que ele tivesse escutado algo a respeito: "E disse Deus: produza a terra seres viventes segundo as suas espécies, animais domésticos, répteis e animais selvagens segundo as suas espécies, e assim foi" (Gênese 1. 24).

Há muitos aspectos desses dramas que não foram elaborados. As amplificações do sonho do "moleiro" implicam fantasias sobre o relacionamento sexual entre os pais (a cena primal) que ocorrem nesse período do amadurecimento como parte da situação edipiana. Disso se poderia deduzir que Christopher e o pai cavando a terra representavam uma fantasia de potência sexual conseguida por meio da identificação com o pai em relação sexual com a mãe (a terra), implementando assim magicamente seu desejo de ter filhos com a mãe. Tais inferências, porém, desviariam a discussão de seu objetivo principal, que é ilustrar como uma criança utiliza o mito e o conto de fadas como espécie de alimento para enriquecer sua vida onírica.

CONCLUSÃO

Segundo a mãe de Christopher, ele havia ficado muito impressionado quando viu o filme *Branca de Neve*. Isso significa que ele colocou partes de si (isto é, projetou-se) no filme e provavelmente também identificou-se com Branca de Neve. Ao mesmo tempo, ele assumiu as imagens, isto é, algum tipo de introjeção ocorreu, especialmente das partes do filme que podem ser identificadas em seus sonhos. A introjeção é seletiva e compreende apenas as partes das imagens que a criança pode usar e assimilar. É aqui que se supõe que os arquétipos ativos no inconsciente entrem em operação, ajudando o ego a produzir combinações "originais" relevantes a esse estágio de amadurecimento e à sua reação aos pais. Porém, mais que isso, o conto ou mito também facilita a capacidade infantil de aliar-se a formas coletiva e socialmente aceitáveis de adaptação interior e exterior.

Embora a origem das *imagens* arquetípicas dos sonhos seja às vezes obscura, isso em geral se deve a dificuldades técnicas. Às vezes, as combinações "originais" correspondem àquelas encontradas na religião e no misticismo, das quais a criança não tem conhecimento algum. Seu estudo costuma demonstrar claramente que as imagens e temas são construídos ao longo do processo de amadurecimento da criança pela sua interação com o ambiente. Sem dúvida, as crianças podem construir ativamente imagens arquetípicas e entendê-las à sua maneira. O que elas não podem de modo algum é interpretá-las com os métodos sofisticados desenvolvidos pelos estudiosos, escritores e analistas.

Espero que tenha ficado claro que os fatores genéticos e o ego em processo de amadurecimento contribuem para a formação de temas arquetípicos, mas o que mais me impressiona é a sutileza e a inventividade dos processos psíquicos das crianças. A sua capacidade de compreensão deve ser, por conseguinte, fomentada e orientada, primeiro pelos pais e depois pelos professores, tornando assim a herança cultural uma realidade viva para que a criança possa estabelecer firmemente seu senso de segurança e identidade.

No início deste capítulo está uma citação de Jung que diz que alguns sonhos da infância condicionam "o destino" de uma criança. Essa conclusão deriva de estudos de sonhos infantis impressionantes, como o que é registrado por Jacobi (1991), que parecia prefigurar a morte da criança, de 8 anos de idade. Ela deriva igualmente de sonhos da infância lembrados por adultos na análise, os quais às vezes fornecem indicações bastante diretas do padrão da vida subseqüente do paciente. Os sonhos são muitas vezes impressionantes e vale notar que, já adulta, Jane lembrava-se do sonho da criança dourada, mas não dos outros dois que citei. Infelizmente, não sei que partes dele se modificaram em sua mente ao longo dos anos nem como o desenvolvimento que ela apresentou subseqüentemente pode ser associado ao sonho.

Não resta dúvida de que os sonhos têm significados duradouros, revelando de forma clara e espetacular importantes padrões na vida. Como os temas das brincadeiras, as fantasias e também as lembranças, eles ajudam a esclarecer períodos críticos dos anos de formação do desenvolvimento individual, persistindo e desembocando em características maduras do adulto.

4 Desenhos

O interesse de Jung nos desenhos feitos por ele mesmo e pelos seus pacientes decorria de sua utilidade na expressão não-verbal de imagens simbólicas. Ele as obtinha aplicando técnicas de introversão destinadas a liberar fantasias inconscientes e trazê-las ao consciente. Seu "método" de desenho tinha para ele grande importância dentro da imaginação ativa.

Já que para Jung a criança estava, por assim dizer, imersa no inconsciente, eu achei que, adaptando suas técnicas para uso em terapia infantil, seria possível obter provas para sua tese. Foi essa investigação que acabou por exigir uma revisão de minhas próprias idéias sobre a relação da criança com o aspecto numinoso do inconsciente. Claro que é verdade que de vez em quando as crianças são capazes de representar formas simbólicas fascinantes no desenho, mas, assim como nos sonhos, isso não é freqüente. Na maioria das vezes, porém, elas preferem representar objetos conhecidos: casas, árvores, barcos e pessoas, que são mais comuns do que fantasmas, bruxas, mágicos e formas arcaicas, mesmo no contexto especial das sessões psicoterapêuticas. Podem-se encontrar figuras simbólicas mitológicas, embora as "clássicas" mais antigas estejam sendo substituídas pelas que são utilizadas nas atuais séries de televisão.

À exceção dos primeiros rabiscos, os desenhos discutidos neste capítulo representam o tipo menos comum de imagem. Para uma perspectiva mais ampla dos desenhos mais usuais das crianças, sua arte e suas representações simbólicas, este capítulo precisaria ser suplementado pelo estudo das obras mais exaustivas atualmente disponíveis. Entretanto, as que são apresentadas aqui representam características comuns dos desenhos e rabiscos no sentido de comunicar, simbolizar e dar informação sobre a psicopatologia da criança, além de refletir seus sentimentos mais íntimos e os eventos do meio que o cerca. Todas foram obtidas em sessões diagnósticas ou terapêuticas (não analíticas) quando a criança se encontrava sob *stress* interno ou externo e, nesse sentido, elas diferem das que são feitas todos os dias em casa ou na escola. Às vezes seu assunto foi diretamente sugerido por mim e, em dois (de quatro) casos, um sonho foi usado como ponto de partida – técnica recomendada por Jung. A última série, de um adolescente, mostra como o garoto adota um procedimento extremamente afim à imaginação ativa, conforme descrita por Jung.

Caso 1: O rabisco como meio de comunicação

Em geral existe uma extraordinária variedade de rabiscos: ora têm linhas firmes e grossas, ora finas e trêmulas; às vezes cobrem toda a página, às vezes só uma pequena área. Eles já foram estudados de inúmeras maneiras, mas para determinar seu significado é essencial considerar o contexto pessoal. Por exemplo, uma pequena linha numa folha de papel tanto pode ser uma declaração de que a criança não queria rabiscar quanto um resultado da inibição ou até de uma doença.

Os rabiscos abaixo (V. Rabiscos I, II, III, IV e V) foram feitos por uma garotinha de 2 anos e meio de idade, muito esperta, sociável e encanta-

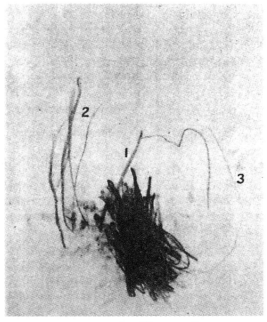

Rabisco I – "Protesto"

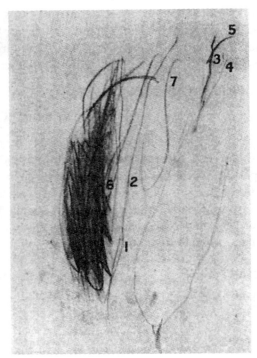

Rabisco II – "O crescimento do sentimento"

dora. Eles foram colhidos da seguinte maneira: ela subiu e veio à minha sala com o irmão, de 7 anos, e ficou muito assustada quando eu a coloquei no colo. Mas, quando lhe dei um pedaço de papel e alguns lápis de cera, começou a divertir-se. O irmão ficou conosco todo o tempo e, quando eu lhe falava sobre a irmã, ele confirmava ou ampliava o que eu dizia sobre ela. Os dois pareciam dar-se bem; embora me tivessem dito que dominava o irmão, enquanto esteve comigo ela não tomou muito conhecimento da existência dele.

A força e a energia do primeiro rabisco completo que ela fez são impressionantes. O efeito do desenho corresponde à impressão que ela me provocou enquanto o fazia, pois cada traço foi feito com firmeza e precisão. Primeiro ela fez uma linha solta (1), depois um grupo à esquerda (2), depois uma linha curva (3) e, por último, concentrou-se na grande mancha negra que caracteriza o desenho. Prova da energia que ela empregou nisso são as inúmeras marcas de dedos, tentativas de não deixar o papel correr, feitas enquanto durou a enérgica atividade.

Ela havia usado dois tipos de linha: um suave e curvo e outro mais reto. O primeiro tipo era introdutório e parecia expressar sua aceitação diante do que eu lhe havia pedido que fizesse. Depois ela tornou-se ativa e vigorosa, fazendo a mancha negra, fálica e agressiva. Naquele momento, interpretei isso como uma expressão de seu protesto por eu a haver posto no colo.

Ela usou várias cores, mas concentrou-se no preto, talvez a cor mais sinistra para as crianças devido à sua associação com a escuridão e com medos noturnos de ladrões, fantasmas e bichos-papões, que podem lhes dar a impressão de invadir o quarto. A mancha negra, portanto, representa provavelmente um objeto mau – talvez meu pênis – perto de onde ela estava sentada e os medos que associava a ele.

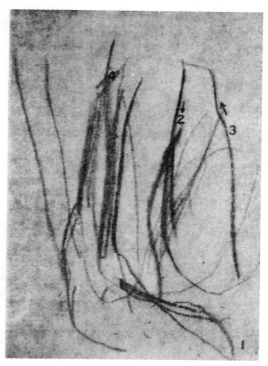

Rabisco III – "Diminuição da energia"

Era evidente que a garotinha tinha ficado menos ansiosa depois de rabiscar, como se houvesse resolvido que eu não era tão perigoso quanto ela temera e assimilado minha aproximação na verdade amigável. Essa conclusão é apoiada pelo desenho seguinte, que contém os mesmos elementos, a marca fálica agora colorida.

O terceiro rabisco mostra menos vigor; as linhas são igualmente firmes, mas há mais curvas e menos concentração de energia; o papel mais escuro foi escolha dela. Agora parecia que ela havia esgotado seu protesto.

O quarto rabisco mostra mais uma vez a marca fálica, mas as curvas são ainda mais pronunciadas que nos anteriores. A criança usou azul-claro para fazer linhas circulares acima, à direita e abaixo da marca fálica vermelha. O desenho parece ter mais equilíbrio que os precedentes; ele tem uma forma mais ou menos oblonga, os círculos encontram-se acima

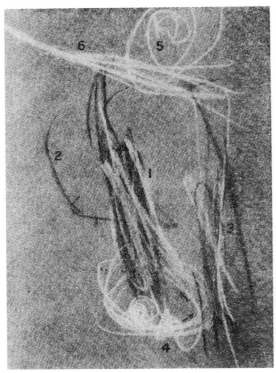

Rabisco IV – "Ritmo e forma"

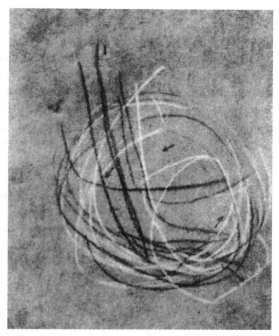

Rabisco V – "A solução"

e abaixo da marca fálica e, à direita, formas como laçadas. Ele está mais espalhado sobre a área do papel que os outros rabiscos e, no todo, dá mais a impressão de um desenho.

O último rabisco (V) compõe-se predominantemente de movimentos rítmicos circulares anti-horários, alguns a princípio retos seguidos de traços curvos amarelos. Já foi por mim sugerido (Fordham 1957) que os rabiscos e desenhos circulares representam magia protetora, completude e, portanto, representam um integrado do *self*. Aplicando-se essa idéia, poder-se-ia prever que ela se sentiria segura para ir embora; de fato ela então desceu do meu colo e foi cuidar de suas coisas.

Essa criança, como demonstram a riqueza e a originalidade de sua expressão, era sem dúvida talentosa, mas provavelmente estava enfrentando dificuldades para estabelecer sua feminilidade devido a ansiedades, ao que tudo indica, ligadas a diferenças sexuais, especialmente se a marca fálica representasse meu pênis.

Caso 2: Um desenho usado para fins de diagnóstico

Henry, de 11 anos de idade, foi trazido a mim porque havia sido acusado oficialmente por roubo e fuga de sua casa. Estava nervoso, pálido e prestes a chorar quando o vi pela primeira vez. Era difícil estabelecer um relacionamento ou obter informações porque ele parecia "surdo" (sintoma notado na escola, onde um exame médico revelou a ausência de qualquer problema físico). Ele pegou o papel, as tintas e o lápis que havia na minha mesa e começou a desenhar; eu permaneci em silêncio até ele terminar (V. Figura III). Então fiz-lhe algumas perguntas sobre o desenho, mas ele não conseguiu falar muita coisa, e logo ficou muito nervoso, manifestando vontade de ir ao banheiro. Entretanto, disse-me que as figuras grandes acima do navio eram o rei e a rainha, a rainha estando na frente do rei, e que ele aparecia de goleiro, à direita do desenho. Pouca coisa além disso foi dita, mas, ao fim da sessão, ele de repente ficou indeciso; ao começar a descer as escadas resolveu voltar e acabou indo embora correndo o mais rápido que podia.

O desenho consiste de duas partes aparentemente descontínuas: por um lado, os dois navios e os imponentes "rei e rainha" e, por outro, o diminuto jogo de futebol no qual a criança está em posição defensiva, talvez indicando algo de sua relação com os outros garotos. O corpo principal do desenho, de qualquer maneira, está atrás dele.

Só com dificuldade se pode distinguir o "rei e rainha". Juntos, eles parecem formar uma figura única, forte, excessiva e até monstruosa. A coroa, em forma de Lua, tem uma cruz, o rosto é forte e o olho, especialmente, dá a impressão de poder latente. A interrogação que surge no lugar da orelha provavelmente está associada à surdez do garoto. As roupas das imagens reais têm escamas pontiagudas como as dos répteis na frente e atrás, os braços são embrionários, e os quatro pés – apesar de representarem indubitavelmente os de duas pessoas – dão a impressão de pertencer a uma única criatura.

Uma rápida olhada revela a natureza simbólica, quase mitológica, das figuras. O garoto disse que só a rainha podia ser vista, e a desenhou no céu, tendo a Lua como coroa. O desenho parece representar uma fantasia da mãe-lua que percorre o céu como faz o astro. Essas reflexões levam facilmente à mitologia segundo a qual a Lua é ambivalente: ela promove a fertilidade e provoca a insanidade (a loucura do lunático).

Figura III – "O rei e a rainha"

Embora represente uma rainha, a figura tem também características masculinas, como sugere sua aparência bruta e rústica, indicando a ocorrência de uma combinação que resultou em confusão de características sexuais. A união masculino-feminino é, porém, uma idéia arquetípica. Jung investigou a questão e publicou suas conclusões em diversos livros, principalmente em *Mysterium Coniunctionis* (OC XIV/1), ao qual se pode fazer referência.

O navio, que está abaixo da figura, tem características pouco comuns: a âncora é grande demais e pende num ângulo que contraria o natural; a cabeça do rei – que supostamente arrostaria as ondas – está situada na popa; a fumaça e a bandeira flutuam em direções opostas. A posição do comandante à roda de leme impede-o de ver o que está à frente, pois a superestrutura do navio obstrui sua linha de visão.

O contraditório comportamento da bandeira e da fumaça sugere que estão sendo imaginados dois ventos que sopram em direções opostas, e isso encontra correlação com a indecisão (ambivalência) do garoto no momento em que deixou minha sala.

O desenho indica a invasão de fantasia arquetípica, algo não de todo incomum num garoto de 11 anos. Mas ele deixa uma impressão patológica e isso, juntamente com seus sintomas, revela a fraqueza de seu ego, que parece independente das formas arquetípicas. É como se ele se sentisse na defensiva em um mundo impessoal e ameaçador.

Voltando porém à consideração do que havia produzido essa situação, pode ser que essa criança fosse psicótica, mas não dava essa impressão. Além disso, sua vida familiar havia se desmoronado porque a mãe havia morrido recentemente. Isso em si deve ter sido traumático e torna provável que a mãe no céu (paraíso) esteja associada a seus sentimentos em relação a ela. Além disso, o pai estava dando mostras de esquizofrenia, e seus delírios parecem ter a ver com o desenho de Henry.

Certa noite, o pai colocou uma garrafa de leite do lado de fora da casa, em frente à porta, e, olhando pela janela, viu uma luz brilhando nela. A princípio, pensou que fosse o luar, mas, como a garrafa estava na sombra, essa conjetura não tinha fundamento. Então olhou mais atentamente e surpreendeu-se ao descobrir que o luar estava sendo refletido por binóculos de teatro voltados para sua casa. Ele concluiu que isso era prova de más intenções: alguém o estava espionando. Seu delírio paranóide era improcedente e pode associar-se aos braços "sem função" das figuras desenhadas. Além disso, a predominância da figura da mãe no desenho é análoga à história do pai que, na infância, fora dominado pela mãe e casara tarde com uma mulher maternal, que o continha como a mãe antes havia feito. A esta altura, pode-se suspeitar que o desenho do garoto contenha uma fantasia sobre o estado psíquico do pai, e há mais analogias que podem respaldar essa idéia. Por exemplo, o pai não conseguia entender por que estava sendo espionado, mas em seu delírio foi obrigado a construir defesas baseadas em uma má interpretação da realidade. O resultado não está distante do capitão que se coloca de modo que a superestrutura do navio intervém entre a roda de leme e a visão do oceano à frente.

Na medida em que é capaz de expressar a patologia do pai de uma forma oblíqua, o filho parece haver introjetado suas psicoses. A subseqüente identificação também pode ser inferida pelo barquinho amarrado atrás do navio.

Em minha opinião, é útil usar o desenho do garoto dessa forma, mesmo que ela possa desviar-nos da trágica situação pessoal de Henry.

Caso 3: O fantasma e a criança

O desenho seguinte – feito por James, um garoto de 6 anos de idade – tem origem no seguinte sonho: "Eu estou deitado na cama; um fantasma sai do armário, vem à minha cama e me engole". Sugeri que fizesse um desenho e o resultado está na Figura IV. Depois disso, fui informado que ele tinha medo generalizado de fantasmas.

Seu sonho exemplifica claramente o processo de identificação introjetiva e, assim, indica uma origem muito primitiva para esse medo. Nos primeiros sonhos infantis, engolir e morder são muito importantes (Cf. p. 43 e ss. acima). Mas o desenho contém ainda fantasias e técnicas de expressão mais complexas, já que os sonhos e fantasias com fantasmas ocorrem depois daqueles de ser atacado e, às vezes, de ser devorado por animais.

A relação de James com a mãe era difícil. Ela o amava, mas tinha temperamento violento e o maltratava. Ela queria ajuda por causa da culpa pelo próprio comportamento. É interessante que, na mesma época, ela tenha sonhado que seu próprio pai, um psicótico que já havia morri-

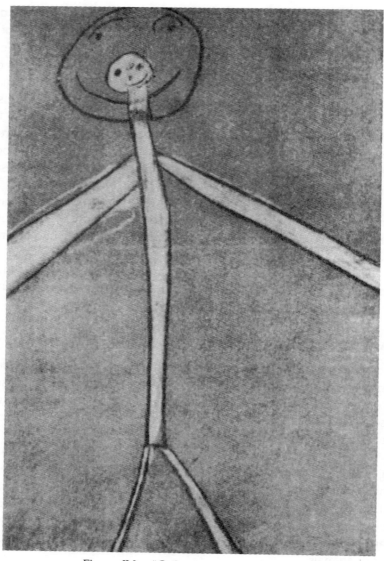

Figura IV – "O fantasma e a criança"

do, se levantasse do túmulo transformado em fantasma. Não sabemos se a família costumava comentar os sonhos em casa nem foi possível definir até que ponto a identificação com a mãe contribuiu para o sonho do filho. Porém, naquele momento, a mãe estava tentando dar mais liberdade ao garoto – que até então ela havia mantido sob cerrada vigilância pelo fato de ele apresentar comportamento em geral violento e às vezes incontrolável.

Nas brincadeiras comigo, James de fato podia mostrar-se demasiado violento – às vezes atirava-me pedras com força suficiente para obrigar-me a me defender. Eu mostrei-lhe o perigo, disse-lhe que não permitiria que me tratasse assim e que estava falando sério. Como não adiantasse falar, fingi que ia contra-atacar e então ele correu. Desse modo, acabou surgindo um jogo que o deixou sexualmente excitado, mostrando então indícios de tendências homossexuais em seu caráter.

Um dia ele pintou meu rosto e meu pescoço com tinta vermelho-amarronzada. Suspeitei que isso poderia ter relação com seus medos e levantei os braços para imitar o fantasma de seu desenho. Porém eu mal adivinhava o medo que isso despertaria nele: agachou-se aterrorizado no canto da sala e gritou para que eu parasse.

Uma analogia com os ritos de iniciação

As iniciações primitivas possuem inúmeras características que apresentam uma semelhança impressionante com as fantasias da criança e o meu comportamento. Os detalhes seguintes foram retirados do estudo feito por Layard das tribos de Malekula:

1. A iniciação à idade adulta é feita com garotos em qualquer idade entre 4 e 22 anos.

2. O objetivo final da iniciação é remover a criança da influência da mãe e iniciá-la no corpo coletivo dos homens da tribo.

3. Durante os cinco primeiros dias de confinamento na casa de iniciação, os noviços não param de temer em nenhum instante que se faça com eles algum tipo de trote (...) cuja tônica em geral (...) se baseia em aterrorizar os noviços e, especialmente, amedrontá-los com os supostos apetites homossexuais dos fantasmas.

4. Um tema recorrente é a divisão dos iniciados em dois grupos, um que permanece dentro da casa e outro, fora. Os que estão dentro, inclusive os tutores, dançam e cantam, (...) tentando aplacar de todas as formas as suspeitas dos cansados noviços, quando, de repente, surgem os outros, disfarçados com pinturas que representam os fantasmas dos velhos (*ta-mat mot*). Às vezes as coisas são arranjadas para que os tutores ganhem, e os fantasmas penetram e atacam um noviço, para sua grande consternação. (Layard 1942)

Esse paralelo tem interesse (para mim, especial) porque parecia que, sem perceber, eu havia adotado um método para passar um "trote" em James e aterrorizá-lo, além de haver despertado nele sentimentos homossexuais. Além disso, o objetivo do tratamento havia sido trabalhar para que ele tivesse maior independência, e isso significava permitir que se estabelecesse uma transferência por meio da qual suas ansiedades pudessem se reduzir, permitindo-lhe uma identificação com o pai, e isso não havia acontecido.

Assim, a analogia nos permite vislumbrar aquilo que se poderia chamar o aspecto iniciatório do tipo de ludoterapia que eu estava utilizando, bem como a natureza das ansiedades que são evocadas e elaboradas por tais procedimentos.

Caso 4: Transformação simbólica

John era um garoto alto, um tanto sem modos, de 14 anos de idade, que escondia sua ansiedade sob um manto de bom senso e a afirmação defensiva de que "estava tudo bem". Na verdade, ele havia sido ameaçado de expulsão da escola na qual, apesar de sua inteligência, seu trabalho não era bom. Os critérios da escola para considerá-lo um aluno insatisfatório, contudo, não estavam muito claros. No tratamento, logo ficou evidente que ele estava oferecendo resistência passiva aos que detinham a autoridade.

Seu medo e desamparo foram revelados no seguinte sonho que, segundo ele próprio, se repetia sempre com pequenas variações.

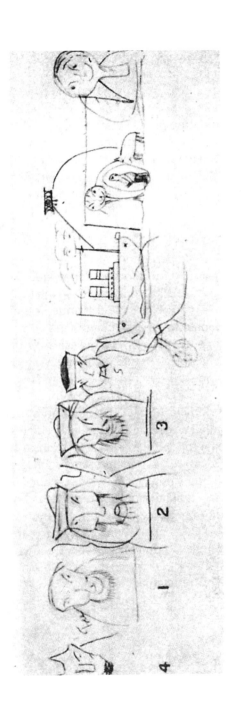

Desenho II (cópia do original)

"Eu vou com uns amigos a um piquenique num campo e, enquanto estamos lá sentados, um touro avança contra nós. Todo mundo sai correndo, mas ele parte para cima de mim, parece que me escolhe. Tento esconder-me atrás de uma árvore, mas o touro a derruba e eu acordo. Uma vez ele chegou a me pegar mesmo."

Esse sonho tornou-se o ponto de partida para uma série de desenhos (Desenho II). O garoto não era difícil de levar, contanto que se deixasse de lado o problema na escola, e, quando ficou mais acostumado à situação terapêutica, começou a rabiscar no quadro-negro.

As imagens que desenhou foram feitas conforme a seguinte ordem: primeiro o navio, que ele vira num quadro que ficava pendurado na entrada da clínica. Embaixo está esboçado um monstro marinho bufando pelas narinas. Depois ele desenhou o touro, ele mesmo e a árvore num campo. O rosto na árvore foi colocado depois que eu comentei que ela parecia ter um, embora ele não o tivesse desenhado de propósito. Então ele tornou a imagem mais clara e me disse que no sonho a árvore de fato zombava dele, tentando dar-lhe uma rasteira com suas raízes quando ele corria do touro, e que, apesar de suplicar a ela que o ajudasse, não adiantava. Parecia-lhe que o espírito da árvore e o touro estavam aliados contra ele, o que mostrou desenhando uma linha que os unia. A linha que o circunda mostra que ele se sentia isolado entre os dois.

O avião, segundo ele, ataca o navio "como o touro me ataca". Desenhou então uma linha reta para representar a agressão e acrescentou uma linha curva para representar a associação entre o touro e o avião.

Em seguida, recorreu aos seus próprios sonhos para encontrar um tema e continuar desenhando. Alguns dos desenhos seguintes foram feitos rápida e espontaneamente, como se ele não soubesse como iam ficar no final. Outros foram feitos deliberadamente – no sentido de ele estar sabendo o que queria desenhar. Mais uma vez, foram feitos acréscimos em decorrência de reflexão ou reação a meus comentários. Assim, o resultado cresceu pela interação entre seu ego e as fantasias mais espontâneas, assim como ocorre na imaginação ativa.

A série de desenhos à esquerda foi deliberadamente iniciada. A figura 1 representa o espírito da árvore, mas as cabeças seguintes cresceram por si mesmas. Após terminá-las, ele deu nome a duas delas: a da esquerda foi chamada "o demônio" e a figura 5, à direita, "o chinês". As figuras 2 e 3 não ganharam nome, mas seus chapéus e características deixam claro que são variantes do chinês. Animal, espírito da árvore, demônio e chinês estavam intimamente relacionados uns aos outros por associação.

Os elementos desses desenhos podem ser comparados ao simbolismo religioso. A associação do demônio ao touro, por exemplo: o primeiro de fato derivou em parte de Dioniso e tanto os cultos quanto o demônio promoviam orgias comparáveis. Os elementos "animais" representados nas religiões pagãs também são encontrados no cristianismo, como o cordeiro de Deus ou os quatro evangelistas, mas as tendências em favor do ascetismo dentro do cristianismo eram demasiado fortes, portanto os símbolos usados em religiões pagãs são apenas sugeridos.

As situações conflituosas da adolescência decorrem da percepção de mudanças sexuais no corpo que não ganham vazão adequada, em parte devido a inibições impostas pelo padrão cultural. Estão se desenvolvendo pulsões que precisam ser integradas, se é que o adolescente deve cumprir seu papel no mundo. No entanto, a sociedade exige abstinência e, conseqüentemente, podem-se impor tendências regressivas, especialmente quando os conflitos edipianos não tiverem sido vividos e resolvidos por meio de identificações. Por conseguinte, os conflitos sexuais da adolescência podem ser definidos *grosso modo* pela necessidade de descobrir como controlar a sexualidade sem que ela se torne "o demônio".

A figura 4 da série de retratos é o "demônio"; a figura 5 é um "chinês". O demônio está associado ao fazer algo mau, mas o chinês é distinto. Esse garoto fez seus desenhos em 1938, quando os chineses ainda eram considerados misteriosos membros de sociedades secretas. A figura 5 é mais espontânea que a 4, cujo esboço é nítido e definido: suas linhas são cheias, ao contrário das interrupções e indefinições da figura que representa o demônio.

Todavia, John sentia seu demônio como real e perigoso, pois sua pintura seguinte, um "demônio totêmico", foi feita no intuito de "afugentar os demônios". Além disso, segundo ele próprio, era também "algo dentro do qual diamantes podiam ser guardados de modo seguro".

Nessa impressionante pintura simbólica (V. orelha) predomina uma engenhosa combinação de três faces, duas das quais olham em direções opostas. A terceira olha para a frente e tem traços do chinês, mas sua principal característica é a imensa boca. O garoto ficou tão surpreso com o resultado quanto eu; a pintura evoluiu rápida e espontaneamente – na verdade, custou-lhe apenas uns dez minutos no total. Ela foi criada da seguinte maneira: começou com uma figura fálica bem simples, com uma forma oblonga no topo (que foi coberta por outras camadas de tinta e, portanto, não é visível no produto final); em seguida, ele acrescentou uma estrela, depois um diamante e, sob este, um quadrado. O contorno externo foi demarcado em preto, e o diamante e o quadrado ganharam contornos amarelos preenchidos com azul.

O garoto, evidentemente, com a cor negra queria expressar sua sensação de poder maligno real, mas na figura há também – principalmente na parte inferior do tronco – bastante colorido, o que a torna muito positiva. John desenhou primeiro a parte inferior fálica e, acima dela, a parte negra. A princípio os demônios estavam ausentes; só quando o conceito se desenvolveu é que a idéia deles imiscuiu-se.

Mais uma vez, como no caso 3, as ansiedades da primeira infância são elaboradas numa pintura sofisticada. A boca é simbolizada e estruturada de uma maneira que seria impossível a uma criança pequena. Ela sugere a presença de dentes ferozes, afastados e dispostos num círculo de feição mágica. Pode ser que aqui haja outra faceta da passividade de John, baseada em sentimentos cruéis relacionados ao morder (sadismo oral) originados na primeira infância. Ao que parece, os dois se fundiram numa imagem simbólica de numinosa e impressionante intensidade. A referência a suas raízes infantis parece quase insultuosa – e assim seria, se o feito de atingi-las e se as defesas contra elas não fossem organizados de modo tão eficaz. Em resumo, eis aqui a resposta da criança aos que poderiam depreciar suas defesas e ignorar o elemento de continuidade que elas representam quando combinadas a um símbolo vivo, herdeiro de um objeto transicional.

5 O Modelo Conceitual

O arcabouço conceitual utilizado neste livro baseia-se em três entidades teóricas: o ego, os arquétipos e o *self*.

O EGO

Na maior parte de sua obra, Jung definiu o ego como o centro da consciência, embora reconhecesse a existência de partes inconscientes dele na sombra. Essa formulação compacta pode ser ampliada da seguinte maneira: o ego é soma dos atos da percepção e das descargas motoras que são ou podem tornar-se conscientes.

A partir de quando tem início alguma espécie de consciência é algo que só pode ser inferido, pois o estudo da vida intra-uterina é manifestamente difícil. Mas sabe-se hoje em dia o suficiente acerca do feto para afirmar com segurança que ele experimenta algum tipo rudimentar de consciência. Por mais rápido que possa ser o desenvolvimento após o nascimento, o ego não pode representar senão um pequeno papel na existência do bebê, que é melhor entendida em termos de pulsões arquetípicas padronizadas. Entretanto, logo se podem notar fragmentos do ego; eles estão intimamente relacionados desde o início às representações de fantasias inconscientes. À medida que se torna mais forte, o ego se utiliza de métodos de organização e controle da vida mental e começam a formar-se defesas. Como muitas destas não podem ser conscientemente controladas, a identificação do ego com estados acessíveis de consciência torna-se duvidosa.

Entretanto, o conceito de ego foi ampliado para a inclusão de partes da psique que não são nem podem atingir facilmente a consciência, de forma que é necessário definir quais as qualidades que lhe podem ser atribuídas. A lista abaixo contém características encontráveis num ego relativamente amadurecido, além de notas explanatórias conforme a necessidade.

1. Percepção

A consciência baseia-se na percepção, mas nem todos os estímulos aferentes são percebidos pelo sistema nervoso. Além disso, nem tudo que é percebido atinge o limiar da consciência.

2. Memória

Sem dúvida, a memória é um elemento essencial ao funcionamento mental, mas as lembranças de fatos passados da vida de um indivíduo devem ser abordadas com prudência, já que, embora certos eventos possam ser registrados com realismo, outros são estruturas complexas que mudam com o tempo. Além disso, em qualquer dos casos seu significado e sua importância emocional podem alterar-se de forma significativa.

3. Organização de conteúdos mentais

Jung definiu o pensamento, o sentimento (valorização), a sensação e a intuição como as funções da consciência, introversão e extroversão sendo suas atitudes, as quais podem alternar-se. Tais funções e atitudes podem ser inconscientes ou conscientes. Além disso, o ego contribui para a formação de fantasias – embora os arquétipos também influam sobre boa parte dessa atividade – e exerce o efeito decisivo sobre seu desenvolvimento.

4. Controle sobre a mobilidade

Isso significa o controle tanto sobre os atos impulsivos quanto sobre os movimentos comuns.

5. Teste da realidade

6. Fala

7. Defesas

Sob essa acepção incluem-se inúmeras estratégias resultantes de situações conflituosas que dão margem à ansiedade. Algumas das defesas que predominam na primeira infância têm suas raízes em estados muito primitivos do *self*. São elas a identificação, projetiva e introjetiva e a idealização. Outras defesas surgem à medida que o ego se fortalece, sendo que certos tipos de pessoas usam algumas mais que outras. A seguir, uma lista de tais defesas: isolamento, formação reativa, anulação, racionalização (particularmente evidentes nas personalidades obsessivas), conversão, repressão, dramatização e atuação (melhor observadas nas reações histéricas); deslocamento – demasiado difundido para ser associado a um determinado tipo de organização da personalidade.

A princípio, essas defesas foram entendidas negativamente como estruturas que, em condições ideais, poderiam ser dispensadas. Mas quando gradualmente se reconheceu que elas não poderiam ser eliminadas, abriu-se o caminho para a sua compreensão como parte do processo contínuo do amadurecimento. Já que este jamais termina e já que, no desenvolvimento de atitudes e funções especializadas, só algumas formas e partes da atividade psíquica são úteis, as defesas foram aceitas como inevitáveis e desejáveis, contanto que permaneçam flexíveis. Apenas quando se tornam desajustadas, inadequadas e rígidas é que elas assumem as características inteiramente negativas que lhes eram inicialmente atribuídas.

8. Capacidade de renunciar às funções de controle e organização do ego
Jung deteve-se muito nessa capacidade enquanto característica essencial no seu estudo sobre a individuação, no qual enfatiza a necessidade do ego consciente de reconhecer outros poderes – representados nas formas arquetípicas – dentro da psique, além de sua subserviência ao *self*. Entretanto, essa é uma capacidade necessária também em outros períodos da vida – e principalmente na infância, embora na primeira infância o ego não esteja suficientemente estabelecido para que se possa afirmar a renúncia de algo que ainda não foi atingido.

Conforme se notará, algumas das características do ego estão claramente relacionadas a estruturas e processos arquetípicos, e isso se aplica à maior parte da percepção, da fantasia, da mobilidade e das defesas. Com efeito, a existência de dados perceptuais, sejam estes derivados do ambiente ou dos arquétipos, pressupõe a existência de funções do ego. Menciono tal fato porque, apesar de certas funções e estruturas psíquicas poderem tornar-se relativamente autônomas, um ego forte e saudável está tão associado às bases da personalidade quanto à realidade.

OS ARQUÉTIPOS

Embora mais estudados em suas complexas formas simbólicas – ou seja, em sonhos, fantasias, mitologia, folclore e religião –, o núcleo essencial que emerge da obra de Jung é o de que um arquétipo é uma entidade psicossomática que possui dois aspectos: um está estreitamente ligado a órgãos físicos; o outro, a estruturas psíquicas inconscientes. O componente físico é fonte de "pulsões" libidinais e agressivas; o psíquico é a origem das formas de fantasia por meio das quais o arquétipo atinge representação incompleta na consciência. O organismo visa ao objeto e é capaz de relativamente poucas aplicações (que podem, porém desenvolver-se), ao passo que a fantasia consegue expandir-se de várias maneiras, de usar vários objetos e, às vezes, principalmente em casos patológicos, de demonstrar uma variedade relativamente ilimitada.

É talvez interessante observar aqui que inúmeros conceitos que têm objetivo similar ao dos arquétipos foram introduzidos na psicologia infantil por membros de outras escolas de pensamento: Spitz usou a idéia de organizadores em seu estudo dos bebês ao longo de seu primeiro ano de vida, enquanto o conceito de que a fantasia inconsciente opera na criança desde o nascimento foi desenvolvido por psicanalistas kleinianos; Piaget também pode ser mencionado pelo fato de haver usado em seus estudos uma teoria de esquemas inatos. Todos eles seguiram linhas de pensamento semelhantes àquelas introduzidas por Jung já em 1919, quando ele usou pela primeira vez o termo "arquétipo".

Sem tentar compará-las, todas essas idéias atendem à necessidade de uma teoria de estruturas para dar conta do comportamento bem no início da vida do bebê. O conceito de arquétipo, conforme é desenvolvido aqui, é uma delas.

São várias as imagens mediante as quais os arquétipos se expressam. Na primeira infância elas são quase sempre, embora não invariavelmente, distintas das encontradas na infância, na adolescência e na meia-idade, período do qual Jung recolheu a maior parte de seus dados clínicos e no qual baseou sua teoria. Isso levou-me a perceber a importância de sua distinção entre o arquétipo enquanto entidade teórica e o comportamento e imagens empíricas que o conceito organiza. Os arquétipos da primeira infância – isto é, dos dois primeiros anos de vida – não estão tão bem diferenciados quanto os de fases posteriores porque, para começar, comportamento e imagens não podem ser separados uns dos outros: as imagens são corporais. A despeito dessas diferenças, os padrões de comportamento estão relacionados a formas arquetípicas inconscientes e podem ser remontados em seqüências de desenvolvimento e, assim, ligar-se às complexas imagens simbólicas da vida adulta.

O *SELF*

A introdução do conceito de *self* na psicologia infantil exigiu praticamente uma revolução no pensamento dos analistas junguianos porque o conceito, conforme desenvolvido por Jung, era aplicado na maioria das vezes à religião e à parte final da vida das pessoas. Não é fácil começar a atribuir as origens desses processos à infância nem, muito menos, à primeira infância sem um certo choque ou indignação. Pelo menos essa foi a minha experiência quando descobri símbolos do *self* nos sonhos e fantasias de crianças pequenas. Isso ocorreu durante a Segunda Guerra Mundial, e só depois que os canais de comunicação com Jung foram restabelecidos foi que eu descobri que ele próprio havia chegado à mesma conclusão a partir de seu estudo dos sonhos infantis.

Esses dados demandavam avaliação. Para que serviam as experiências? Era claro que elas estavam ligadas à sensação que a criança tinha de seu *self*, à sua noção de auto-estima e identidade, ambos sentimentos que poderiam atingir a consciência e, assim, deveriam estar ligados ao ego. Isso levou à idéia da existência de alguma relação dinâmica específica entre o ego e o *self*.

Na época em que minhas idéias começaram a desenvolver-se, havia uma forte tendência entre os analistas junguianos a conceber o *self* como um sistema estabilizador, centralizador e até mesmo fechado, apesar de a obra posterior de Jung muitas vezes sugerir o contrário. Meu interesse pelas crianças, porém, deu margem a dúvidas sobre essa concepção do *self*. Por mais relevante que seja em outros contextos a ênfase na estabilidade e na organização, ela não é adequada quando se aplica ao período de mudança e desenvolvimento que representam a infância e a primeira infância. A idéia do *self* apenas como integrador não dá lugar à emergência de sistemas parciais cuja existência é motivada pelas pulsões dinâmicas padronizadas e pelos estímulos ambientais. Esse foi então um motivo importante para a introdução de um modelo mais dinâmico e levou à idéia de que o *self* poderia ser um sistema mais instável do que até então se havia pensado.

A questão que restava em seguida era: será que o sistema que as representações do *self* indicavam é primário e, além disso, será que o bebê ou feto poderia ser visto como uma unidade, o *self*, da qual derivavam o ego e os arquétipos? Isso aparentemente se encaixava na idéia de Jung de que o *self* era o organismo como um todo, do qual o ego, os arquétipos e o corpo eram aspectos.

Enquanto essas idéias estavam se desenvolvendo, ficou cada vez mais evidente que os processos dinâmicos da primeira infância eram muito mais complicados do que anteriormente se pensava; portanto, como se poderia explicar sua natureza aparentemente organizada – apesar de capaz de mudanças rápidas –, ao lado de uma teoria do ego – que então se imaginava ser capaz de desenvolver um grau perceptível de organização em torno dos 4 ou 5 anos de idade? Naturalmente, a teoria dos arquétipos explicava muito do que estava sendo observado, mas o grau de organização total revelado pelo bebê também precisava ser levado em conta.

O comportamento orientado por um objetivo, as fantasias, os pensamentos, sentimentos, percepções e impulsos – que podem ser todos descritos separadamente em termos dinâmicos – não captam a natureza da criança como um todo, a menos que se perceba que cada grupo de experiências está ligado a outros que não estão sendo ativados num determinado momento. O reconhecimento dessas inter-relações contribui para a expressão da individualidade e da integridade orgânica da criança, nas quais se baseia sua noção de identidade.

Tendo em mente que a teoria corrente há mais ou menos trinta anos na psicologia analítica era a de que o ego seria uma entidade desprezível até aquela que, para um analista infantil, é uma idade relativamente madura (cerca de 4 anos), parecia inconcebível que uma criança antes dessa idade pudesse ser considerada suficientemente organizada para ser tratada analiticamente. No entanto, muitas crianças entre 2 anos e meio e 3 anos de idade estavam sendo tratadas com sucesso. A concepção do *self* como entidade primária, a soma dos sistemas parciais, e a introdução da idéia de que eles podem deintegrar-se e voltar a integrar-se ao *self* poderia explicar a possibilidade de tratar uma criança pequena como uma unidade à parte dos pais.

A idéia do *self* como expressão unicamente de estados estáveis de integração é radicalmente alterada por essa noção, pois ela pressupõe que durante o amadurecimento há recorrência de estados instáveis, ora envolvendo parte, ora envolvendo todo o *self*. Sua duração é variável, apesar de o *self* total continuar em existência. Os estados instáveis não são, em saúde, desintegrações, que implicam cisão do ego; eles são mais mudanças de orientação que envolvem, a princípio, a pessoa como um todo e, depois, partes dela, à medida que o amadurecimento prossegue. A entidade estabilizadora é inicialmente apenas o *self*, mas logo o ego contribui e garante que as seqüências dinâmicas no *self* não se revelem improdutivas e circulares, mas sejam alteradas pela atividade do ego, o que, por sua vez, aumenta sua força. Assim, a estruturação da psique é provocada, em grande medida, pelo ego. Sem ele, existiriam apenas reações deintegrativas arquetípicas repetitivas e estas, apesar de adaptativas, não conduziriam a estruturas interativas permanentes.

Desde que o conceito de *self* foi formulado, descobriu-se muito mais acerca dos fragmentos do ego. Não resta dúvida quanto à existência de uma estrutura egóica firmemente estabelecida por volta dos 2 anos de idade; por conseguinte, o conceito de *self* pode não ser tão necessário ou fundamental. Com efeito, os novos dados sugerem uma teoria alternativa do ego, simplesmente porque sua organização começa muito antes do que se supunha. De fato, é grande a tentação de criar um modelo inteiramente novo, no qual o ego passe a incluir todos os dinamismos psicológicos. Mas daí decorre que, se esse modelo tiver de cobrir toda a diversidade dos dados disponíveis, o ego terá de ser dividido em subsistemas, a fim de permitir a descrição dos diferentes tipos de experiência que podem se tornar objeto de estudo empírico; do contrário, o modelo já nascerá fadado ao fracasso. Essa divisão do ego foi feita por Fairbairn (1980), que distinguiu entre ego central, libidinal e antilibidinal. Nesse modelo, o *self* deixa de ser um dado primário e torna-se redundante, exceto enquanto um aspecto do ego ou enquanto idêntico ao próprio ego. O conceito de arquétipos inconscientes precisa ser igualmente dado como inválido, já que estes são também concebidos como estruturas do ego.

Da parte dos analistas junguianos, esse modelo talvez não venha sequer a receber a atenção que merece – mas em outras partes ele foi bastante considerado e, por isso, deve ser registrado, ainda que só para ser rejeitado.

A teoria dos arquétipos explica modos primitivos de comportamento e, mais que qualquer outra coisa, a existência de fantasias organizadas em crianças e bebês, que, conforme definido acima, apresentam o mínimo de características egóicas. É com elas e com o *self*, em vez de um ego coerente, que o analista infantil se relaciona a maior parte do tempo. Talvez a experiência de analisar crianças pequenas tenha favorecido, no meu entender, a visão do *self*, em vez do ego, como entidade primária: ela dá espaço a dados que sugerem que o analista age, para a criança, como um ego auxiliar, substituindo assim as controladoras estruturas do ego existentes na própria criança. Assim, em decorrência da teoria de trabalho aqui utilizada, o *self* será tratado como indispensável.

Desde que divulguei minhas idéias, o postulado de que o *self* tem importância central no amadurecimento foi adotado por inúmeros junguianos. Existem reflexões sobre ele não só no livro que Jacobi publicou sobre a individuação como também num ensaio que ela dedicou ao tema (1953). Neumann (1995) concebeu algumas idéias especulativas muito engenhosas, particularmente sobre a relação entre o ego e o *self*, os quais, segundo ele, são difíceis de distinguir na infância. Além disso, ele apresentou um conceito do eixo ego-*self* que Edinger posteriormente desenvolveu e relacionou a observações clínicas. Aldridge (1959), Hawkey (1945, 1951, 1955, 1964), Kalff (1962) e Tate (1958, 1961) fizeram valiosos comentários a respeito de estados clínicos nos quais se poderiam definir representações do *self*. Os estudos feitos por Kellogg de pinturas infantis feitas com os dedos (1955) contêm provas fascinantes de como os padrões baseados na mandala se formam e evoluem para a representação de figuras humanas. Os estudos de Lewis (1953) o levaram a concluir que os símbolos do *self* constituem um elemento de união entre os grupos de crianças observados.

O passo seguinte e muito importante no meu raciocínio foi desenvolver a teoria do *self* na infância postulando que o bebê é, antes de mais nada, uma unidade ou *self* desde o início. Pensando assim, permaneci sozinho até as pesquisas de Enid Jacobson, que culminaram no livro *The Self and the Object World* (1964-65). Aí ela postula uma unidade psicossomática primária – o *self* – cuja energia é neutra, não sendo nem libidinal nem agressiva. Nessa obra, Jacobson apresenta as vantagens desse postulado em relação ao conceito freudiano de narcisismo primário, que evoluiu para o de masoquismo primário quando Freud apresentou sua teoria da pulsão dual.

Jacobson conseguiu comprovar esse conceito quando o utilizou na análise de pacientes psicóticos. Eu, por minha parte, o julgo útil de várias formas, entre as quais gostaria de mencionar aqui o estudo de crianças autistas com relação mínima com o mundo exterior – com efeito, essas crianças parecem não haver desenvolvido nenhuma distinção entre o que são elas e o que é outra pessoa ou objeto. Bettelheim investigou exaustivamente quarenta dessas crianças. Embora não postule explicitamente uma unidade primária ou *self*, ele reconhece claramente a importância da manutenção de uma atitude positiva diante do autismo e promove condições sob as quais a criança possa emergir dele mediante um processo a par dos processos de deintegração-reintegração.

Partindo então da aceitação da unidade psicossomática primária dos bebês, o modelo que comecei a formular em 1947 está agora desenvolvido como se segue: o *self* primário ou original do bebê é radicalmente perturbado pelo nascimento, no qual o psicossoma é invadido por estímulos tanto internos quanto externos que dão origem a ansiedade prototípica. Em seguida, restabelece-se um estado estável, finalizando assim a primeira seqüência clara de perturbação seguida de estados estáveis ou de repouso. A seqüência repete-se sem cessar durante o amadurecimento e as forças motoras que estão por trás são chamadas deintegrativas e integrativas. A princípio, as seqüências são rápidas, mas, à medida que a organização psíquica prossegue, elas se expandem em períodos mais longos até que se atinja uma relativa estabilidade na maior parte do tempo. Agora é possível definir vários períodos nos quais um ou outro ou ambos os processos podem ser estudados: o nascimento; a aproximação à mãe visando à amamentação, com especial referência às mudanças que ocorrem em torno dos três meses, sete meses e desmame; a fase de separação-individuação (Cf. p. 115 e ss. abaixo); a crise gerada pelo nascimento de um irmão; e eventos edipianos. Após isso, o período estável da latência conduz às perturbações da adolescência e a uma maturidade relativamente estável, que continua até a transição para uma fase posterior da vida, quando as seqüências deintegrativo-integrativas se repetem e os processos de individuação – que Jung investigou especificamente – começam.

REPRESENTAÇÕES DO SELF

Na discussão anterior, referimo-nos ao *self* (a) em termos teóricos e (b) como um sistema de representações, algumas das quais precisam ser consideradas como simbólicas conforme o sentido que Jung dá ao termo.

O que é uma representação? Ela pode ser entendida com referência a estruturas inconscientes e, especialmente, aos arquétipos. Elas não são conhecidas diretamente porque são inconscientes. Contudo, podem ser parcialmente conhecidas por meio de uma categoria de imagens chamada arquetípica, que representa o arquétipo do inconsciente. Da mesma forma, o *self* primordial não pode ser representado, mas sim seus deintegrados, a partir dos quais se podem fazer inferências a respeito do *self*.

Abordemos agora a identificação projetiva. Descobri que às vezes surge uma confusão acerca de sua relação com a deintegração: tentarei esclarecê-la, pois os dois processos não são a mesma coisa, embora a deintegração tenha de haver ocorrido e produzido alguma estrutura psíquica antes que a identificação projetiva possa ocorrer. Na identificação projetiva, uma parte do *self* entra em outro *self* e identifica-se com uma parte desse outro *self* continente. Ali ele pode destruir mais ou menos do *self* continente ou pode fornecer informações a seu respeito, as quais podem ser integradas quando a projeção é retirada. Ela pode então ser uma forma primitiva de percepção e, como o processo pode ser vivido inconscientemente por ambas as partes, é também uma forma primitiva de comunicação, principalmente quando as fronteiras do ego são fracas – como presumimos ser o caso de um bebê com sua mãe, quando ela regride ao cuidar do filho. Considero que a identificação projetiva dê origem a estados descritos como identidade primitiva, *participation mystique* e fusão.

Presumo ainda que a identificação projetiva seja um método poderoso na formação de imagens arquetípicas: com efeito, o processo ocorre em temas mitológicos, como o da entrada na mãe-monstro com o objetivo de destruí-la desde dentro, ou o da mãe dual, com suas características ideais e terríveis. Chamei os objetos subjacentes a essas imagens arquetípicas de "objetos do *self*", a fim de incluir o período anterior à formação de imagens de fantasia definíveis.

Ao estudar esses estados muito primitivos, é importante não esquecer o grande volume de trabalho realizado sobre o desenvolvimento cognitivo na primeira e segunda infâncias. Na observação de bebês e crianças muito pequenas isso pode ser feito com facilidade porque a ênfase recai sobre a vida emocional do bebê em relação à mãe. Nesses estudos, não se dá muita ênfase à dicotomia consciente-inconsciente; de fato, aparentemente não há lugar para esses conceitos tão úteis posteriormente.

Eu considero sua inutilidade como indicativa do estado de fluidez da experiência do bebê – nela há mudanças tão rápidas de interesse e intenção e mudanças de afeto, entre amor e ódio, que parece positiva uma interferência no sentido de começar a pensar nesses termos. No entanto, o bebê demonstra comportamento estruturado. Certamente o testemunho de circunstâncias de persecutoriedade ou depressão, ou seu próprio comportamento no seio e outras situações nucleares dão provas do funcionamento de estruturas mentais e emocionais. Por conseguinte, não podemos dizer que não haja ego, embora tenhamos provas de que muitas das estruturas são arquetípicas, resultantes da deintegração. Quando colocado em relação com sua mãe ambiental, porém, o bebê ganha uma experiência que torna inevitável a formação de imagens. Parece inevitável também que estas dêem origem a uma forma de consciência que gradualmente se integra para formar um ego cada vez mais coerente. A construção de uma distinção definível entre estados conscientes e inconscientes efetivamente ocorre mais tarde, e Bion os vê como decorrentes da formação de uma barreira de elementos alfa (Bion 1991).

O que caracteriza os símbolos? Jung definiu um bom número deles: a mandala, a criança, a árvore da filosofia, imagens de seres divinos e de Deus, em particular – todos eles possuem uma totalidade ou referência cósmica. Embora esse tipo de símbolo ocorra na infância, ele não é freqüente e os estudos se concentraram muito mais no modo como os sentimentos do *self* amadurecem no ego: eles dependem da formação da imagem corporal. O cosmo do bebê é, antes de mais nada, ele mesmo e se restringe a imagens corporais. Ele nada sabe de árvores da filosofia, Deus, mandalas etc. Contudo, suas experiências são do tipo tudo-ou-nada, isto é, totais, e vêm a ser representadas por meio da seguinte espécie de sentimentos de onipotência: ele tem a sensação de ser o todo de seu "cosmo", que abarca objetos dotados de poder "mágico", que ele exerce ou do qual seu frágil ego é a vítima. Aqui jazem sentimentos de dominância recorrente na vida do bebê até que as fronteiras entre ele próprio e o mundo exterior sejam reconhecidas. São esses sentimentos que o bebê gradualmente representa em fantasias, sonhos, pinturas, brincadeiras e trocas verbais.

Embora ao nascer o bebê se caracterize por relações objetais, parece evidente que a natureza de seus objetos seja composta. Algumas de suas percepções são objetivas, mas o grosso delas está fortemente carregado de energia proveniente do deintegrado do *self*. Essa energia organiza a percepção de forma que o objeto se torna algo que poderia ser chamado de objeto do *self*. Adiante analisarei essa formulação mais detalhadamente.

À medida que as seqüências deintegrativo-reintegrativas vão ocorrendo, os resultados de seu funcionamento se tornam estáveis e, enquanto a imagem corporal se forma – e com ela uma percepção mais nítida do que está dentro e do que está fora do corpo –, desenvolve-se na criança a percepção de si mesma e do mundo exterior. Uma vez estabelecida essa percepção, o bebê distingue entre o que é e o que não é ele mesmo – uma formidável realização do ego. A partir daí ele pode desenvolver toda uma gama de sentimentos, imagens e pensamentos a respeito de si próprio que, para conveniência, podem ser agrupados naquilo que ele gostaria de ser ou no que ele teme tornar-se – isto é, um herói, um pai/mãe, um gângster etc. Todos eles estão mais ou menos relacionados à totalidade original conforme expressam os sentimentos de onipotência. Na medida em que o fazem, eles não apenas se referem à condição do ego, mas também ao *self*.

À medida que o crescimento do ego prossegue, os sentimentos, originalmente de onipotência, integram-se em um sentido de identidade em uma pessoa que é continuamente a mesma no espaço e no tempo. Quando isso ocorre, o sentimento do *self* torna-se mais realista e o bebê pode cada vez mais relacionar-se como pessoa com os que o cercam e com o mundo objetivo. Porém, na medida em que o sentimento do *self* exclui estados afetivos anteriores ou na medida em que eles são – e necessitam ser – objetificados, os sentimentos de onipotência ou ilusão passam a associar-se às sofisticadas expressões simbólicas encontradas especialmente na religião. Uma vez desenvolvidos e refinados, esses sentimentos constituem um importante aspecto da crescente relação da criança com a sociedade.

FONTES DE DADOS

Uma vantagem na construção de um modelo abstrato é que ele pode ser usado para explicar os dados resumidamente. Além disso, atinge-se uma posição de onde se pode manipular os pensamentos de modo a possibilitar uma compreensão mais profunda dos estados afetivos. Em circunstâncias favoráveis, lança-se uma nova luz sobre áreas da psique previamente obscuras ou desconhecidas, seja buscando dados cuja existência se presumiria ou encontrando dados que não se encaixam. Sempre que a fonte de idéias abstratas é conhecida e que estas são aplicadas e testadas, pode-se evitar um risco inerente a toda teorização em psicologia: o de usar o conceito abstrato como defesa contra os estados mais primitivos, arcaicos ou infantis que ele contém e representa. Como a minha própria teoria foi originalmente apresentada sem uma indicação adequada dos fundamentos em que se baseava, parece carecer até agora de respaldo. A segunda edição de meu livro conseguiu em certa medida preencher essa lacuna, para mim, bem evidente. Desde então, a observação de bebês e mães proporcionou-lhe maior respaldo; além disso, publicaram-se interessantes estudos que aliam a observação ao trabalho experimental: são as provas fornecidas pela psicanálise, especialmente da parte de Daniel Stern, que as organizou na forma de uma teoria do *self* (Stern 1985).

A dificuldade na transmissão adequada do tipo de dados que subjaz às afirmações abstratas é considerável; na verdade, ainda está para ser construído um esquema para registro de dados clínicos em suficiente detalhe. Ele deve estar a meio caminho entre o modelo e a explicação escrita pormenorizada que agora só em parte pode ser apresentada, por meio de breves extratos de incidentes que cristalizem o geralmente longo e meticuloso trabalho de investigação analítica. Contudo, uma explicação dos métodos utilizados na coleta e avaliação de dados pode contribuir para dar uma idéia do âmbito da investigação. Portanto, passarei a um resumo dos métodos usados na obtenção dos dados.

O principal método aqui utilizado foi o analítico. O leitor precisará remeter-se a outros volumes se ainda não tiver suficiente conhecimento dos procedimentos analíticos como um todo; sua aplicação à infância está reservada a um capítulo posterior. Aqui, será considerado apenas o método da reconstrução dos primeiros anos, já que ele foi o mais importante dentre as estratégias analíticas no estudo da criança. Ao método analítico, acrescentaram-se observações diretas de bebês e crianças.

Reconstrução
Muito do trabalho analítico consiste em determinar com precisão as raízes infantis de sintomas, sonhos, fantasias e comportamento; de fato, para o analista o ideal seria formar um quadro completo do desenvolvimento do paciente. Todavia, isso não pode ser feito devido à intervenção de considerações terapêuticas: o investimento libidinal do paciente em situações infantis começa a desvanecer-se à medida que ele se recupera ou, quando isso não acontece, o analista toma providências para descobrir por que e, assim, para benefício de seu paciente, terá de frustrar seu interesse científico.

A análise da infância – a princípio, em adultos, e depois, em crianças pequenas – foi propiciada pelo uso de reconstruções ou postulados sobre a infância e a primeira infância dos pacientes com base em material analítico cuja fonte não é de fácil reconhecimento. Freud foi o primeiro a utilizar o método, que facilitou a descoberta da sexualidade infantil e do complexo de Édipo. Desde então, as reconstruções foram estendidas às primeiras semanas de vida e a experiências intra-uterinas.

A técnica requer a elaboração de postulados que podem ser confirmados, negados ou modificados pelo paciente. Chega-se a um desses resultados de dois modos: primeiro, a reconstrução feita pelo analista pode levar à emergência de uma lembrança que confirme a inferência; segundo, o acúmulo de dados que apontam para um determinada situação que, porém, não pode ser lembrada. Com o uso conjunto de reconstruções e lembranças, pode-se formar um quadro de um dado período da primeira infância ou infância que se encaixe tão bem na psicologia do paciente que traga a convicção. Apenas em algumas ocasiões essas reconstruções podem ser confirmadas por fontes exteriores à análise.

Os registros de reconstruções podem parecer escassos, pouco convincentes ou vulneráveis a críticas intelectuais – isso se deve em parte à dificuldade de apresentar o grande volume de trabalho que precede a chegada a uma reconstrução e seu subseqüente teste diante de todos os novos dados que emergirem. Além disso, a situação afetiva na qual o trabalho é feito torna secundárias as considerações intelectuais. Elas precisam estar presentes como arcabouço, mas não são a única base para a avaliação da validade de uma reconstrução. Em última análise, sua significância para o paciente é o que mais importa. Porém isso não significa necessariamente que sua aceitação de uma interpretação reconstrutiva seja sempre confiável; ao contrário, em função da situação de transferência, todas as afirmativas do analista podem ser aceitas ou recusadas por causa simplesmente de distorções decorrentes da transferência de afetos para o analista. Só com análise sistemática é que a importância e a confiabilidade das reações do paciente podem ser estimadas.

A validação de uma reconstrução é, por conseguinte, um exercício complexo e difícil. Antes que alguma mereça crédito e se consiga chegar a um bom ajuste entre o presente e o passado, pode ser preciso fazer várias diferentes tentativas. Mesmo assim, será bastante útil procurar uma confirmação por meio da observação direta de crianças antes de se generalizar a reconstrução. Boa parte da teoria da sexualidade infantil foi assim facilmente corroborada, principalmente aquelas partes que se aplicam a crianças relativamente maduras, isto é, entre 4 e 6 anos de idade. Porém, pelo fato de um bebê não dispor dos meios de comunicação de que dispõe uma criança de 5 anos, é bem mais difícil extrair conclusões da observação de bebês. Conhecer seus sentimentos e a natureza de seus processos afetivos requer inferência e experimentação, além da simples observação.

Todavia, a correlação da interpretação reconstrutiva com as observações durante os primeiros meses de vida gerou certezas cada vez maiores, a partir das quais surgiram boas hipóteses de trabalho para investigação do comportamento dos bebês.

A observação de bebês e crianças
Já não basta fazer ingênuos registros do que as crianças fazem ou dizem. Estes podem provocar um choque de surpresa ou prazer, ser compartilhados como diversão ou incorporados como tradição no que se refere à natureza infantil. Atualmente as observações são planejadas e levadas a cabo com auxílio de métodos rigorosos.

Já que aos psicanalistas se deve a mais significativa teoria genética do desenvolvimento, as observações mais úteis foram feitas por eles. Até certo ponto, isso ainda é assim hoje em dia, mas há também várias outras contribuições. A lista abaixo cobre as mais relevantes à minha tese:

1. Observações do comportamento inicial na amamentação, feitas enquanto mãe e bebê se encontram no hospital, logo após o nascimento. Um exemplo, pioneiro e excelente, está nos registros de Merell Middlemore.

2. Observações em clínicas pediátricas. Entre elas, as promovidas por D. W. Winnicott foram importantes e pioneiras.

3. Estudos longitudinais de bebês e crianças pequenas. Entre eles, os realizados nas "well baby clinics"[4] dos Estados Unidos foram os primeiros, cobrindo a faixa entre os três meses e os 2 ou 3 anos de idade. Outros começaram na primeira infância e prosseguiram por cinco ou seis anos até a pré-escola. O nome de Kris e seus colaboradores está associado a esses estudos, que foram aliados à análise de determinadas crianças. Mais recentemente, deve-se fazer menção ao trabalho de Mahler (Mahler *et al.* 1977) e, naturalmente, às monumentais pesquisas de Piaget.

4. Observações em várias épocas e de muitos grupos etários, das quais as pioneiras são as de Spitz sobre a depressão anaclítica (1946) e o desenvolvimento de "sim" e "não" (1988).

5. Nas duas últimas décadas houve uma explosão de estudos sobre a relação mãe-bebê tanto na Grã-Bretanha quanto nos Estados Unidos. Dentre eles, assinalo os que foram iniciados na Tavistock Clinic de Londres. Seu método foi amplamente adotado e aceito como parte do treinamento em análise infantil pela Society of Analytical Psychology. Um observador faz uma visita ao lar da criança e registra em detalhe tudo que observar, sem tirar conclusões. Cada observação dura uma hora e se repete semanalmente ao longo dos dois primeiros anos de vida extra-uterina. As descobertas são então discutidas cada sema-

---

4. Locais onde se oferecem serviços de assistência e orientação aos pais sobre amamentação, alimentação com mamadeira, introdução de sólidos na alimentação, desmame, problemas de sono, treinamento para uso do vaso sanitário etc. Em alguns, oferecem-se também serviços de acompanhamento pediátrico, vacinação etc. (N.T.)

na num seminário. O método e suas descobertas estão bem descritos em *Closely Observed Infants* (Miller *et al.* 1989).

6. Existem inúmeras observações feitas em condições de laboratório mais controladas, às vezes com acréscimos experimentais, principalmente na Cambridge University.

7. Finalmente, o método da brincadeira com areia, usado extensivamente pela primeira vez por Margaret Lowenfeld e explorado extensivamente por Dora Kalff e numerosos analistas junguianos como método terapêutico.

Técnicas comparativas
A amplificação já foi discutida no Capítulo 1, mas os estudos comparativos antropológicos, não. Erikson e Margaret Mead foram os pioneiros, seguidos de muitos outros, demasiado numerosos para citar aqui. Estes serão mencionados quando se apresentar a ocasião.

6 O *Amadurecimento*

O que significa dizer que um bebê é, antes de mais nada, uma unidade psicossomática – um *self*? Quando se verifica essa situação e quando se iniciam as seqüências deintegrativo-integrativas que dão origem ao processo de amadurecimento? Tentarei apresentar o que há de relevante no conhecimento sobre essas questões.

VIDA INTRA-UTERINA

Devido às crenças e fantasias que cercam a vida intra-uterina, é muito fácil esquecer que o óvulo fertilizado e o feto estão, desde o início, separados do corpo da mãe. À medida que o crescimento prossegue, a parede abdominal da mãe e o fluido amniótico contêm e protegem o bebê em crescimento do mundo exterior. Ele vive numa placenta aquática e no fluido amniótico, alimentando-se de ambos. A principal função da mãe é, portanto, contê-lo e protegê-lo, ao mesmo tempo que lhe fornece a matéria-prima para o crescimento. Assim, a herança genética pode atuar na promoção da forma e da estrutura do corpo do bebê.

A vida dentro do útero não é um mar de rosas: o útero é, por exemplo, um local barulhento – a pulsação da aorta abdominal é muito alta e soa como o bufar de um antigo motor a vapor, para não citar o borborigmo, que sem dúvida perturba a suposta tranqüilidade do interior do útero. Naturalmente, esses ruídos não são perceptíveis a princípio e, se exercem algum efeito sobre o feto, não será muito. Porém isso ocorrerá posteriormente, quando o sistema nervoso se formar. Acresce-se um incômodo extra à medida que o feto cresce em tamanho: o espaço de que ele dispõe para viver se reduz e restringe, de modo que alguns de seus movimentos parecem destinar-se a dar-lhe mais conforto. Finalmente, cada vez mais se crê na probabilidade de os estados emocionais da mãe afetarem o feto para melhor ou para pior, embora só possamos especular sobre a forma como isso ocorre.

Em torno dos cinco meses, a estruturação dentro do cérebro está terminada e, assim, possibilita a percepção sensorial e a atividade motora; de fato, a mãe pode perceber facilmente os movimentos dos braços e das pernas do bebê. Além disso, podem-se observar o chupar do polegar, o engolir do fluido amniótico, alguns "exercícios" respiratórios restritos e belos movimentos corporais em forma de espiral. O bebê pode, além disso, ouvir sons exteriores à parede corporal, o que vem a confirmar os surpreendentes relatos de mães que afirmam que seus bebês reagem à música: Mozart é considerado calmante, ao passo que Beethoven provoca um aumento do número de movimentos do bebê. Por conseguinte, a audição já se encontra bastante desenvolvida antes do nascimento. Não é tão fácil compreender como a visão esteja tão bem desenvolvida após o nascimento, já que há pouquíssima luz no útero e normalmente se crê que sejam necessários estímulos para o desenvolvimento da percepção.

Esses exemplos bastam para indicar que a vida intra-uterina de um bebê é não apenas rica como variada. Ela constitui um período de crescimento, durante o qual ele se prepara para o nascimento, desenvolvendo os órgãos (principalmente a boca e os músculos) de que precisará para sobreviver após nascer. Algumas evidências indicam que ele dá início ao nascimento pela emissão de mensagens químicas para a mãe. Se realmente for assim, estará aumentado o mérito de considerar o nascimento como um exemplo de deintegração no qual se expressa o violento potencial do *self*. Essa informação insinua uma possível resposta a uma questão: quando têm início as seqüências deintegrativo-reintegrativas? É provável que já durante a vida intra-uterina: a atividade seria indicativa de deintegração; os períodos de inatividade, de reintegração.

O nascimento interrompe violentamente a protegida vida aquática do bebê. Muito se afirma que o evento dê origem a ansiedade prototípica, refletida nos temas de nascimento e renascimento da fantasia arquetípica. Ele é considerado, além disso, uma experiência traumática. Não posso concordar com isso, a não ser no caso de partos excessivamente longos ou senão patológicos. É verdade que, após o nascimento, os bebês dão um grito – que provavelmente lhes facilita a primeira inspiração – e exibem um grau variável de aflição. Porém, se logo em seguida forem colocados nos braços das mães e puderem permanecer aninhados a seu lado, geralmente o choro cessa. Além disso, quando o bebê permanece com ela pelos primeiros quarenta e cinco minutos, facilita-se enormemente o apego subseqüente e forma-se mais facilmente uma boa relação com a mãe.

Caso se possa rejeitar a idéia do trauma do nascimento, como entender a ansiedade demonstrada pelo recém-nascido? Minha especulação segue o seguinte curso: a ansiedade acaso se deve à dor de atravessar o canal vaginal – onde, ao lado da estimulação maciça da pele e da pressão sobre o crânio, há pouca condição de protestar de alguma forma contra tudo isso –, além do choque de encontrar-se num ambiente inteiramente novo? Ou há alguma contribuição interna por parte do bebê? Minha proposição é que tal contribuição possa existir, já que o *self*, no intuito de adaptar-se a essas mudanças externas, se deintegra, produzindo formas maciças, não específicas, de ansiedade que atacam o ambiente. O ataque contribui para a formação de experiências tais como o terror indescritível, o caos catastrófico e o pavor de um buraco negro, especialmente quando não reintegrados. Mas o recém-nascido aparentemente integra sua experiência de nascimento bem rápido, e isso não é explicado pela teoria do trauma do nascimento. Para facilitar a reintegração, é importante que o bebê encontre algo tangível e confiável após o nascimento, especialmente por meio do contato epidérmico com a mãe.

O PAR AFETUOSO

O importante evento que é o nascimento faz-se acompanhar de outras mudanças, decorrentes da necessidade que tem o recém-nascido de ser alimentado, tomado nos braços e afagado para sobreviver no novo ambiente, necessidade que também é um pré-requisito para a ocorrência das seqüências deintegrativo-integrativas. A receptividade da mãe a essa necessidade leva ao estabelecimento de um relacionamento entre ambos conhecido como "o par afetuoso", para o qual cada um contribui com sua parte.

Têm sido muito estudados os impulsos, reflexos e sistemas químicos que influem sobre o bebê durante suas primeiras semanas e meses de vida extra-uterina. Porém, embora a mãe saudável possa saber alguma coisa a respeito, ela não se relaciona com o filho como se ele fosse um feixe de sistemas fisiológicos, mas sim como uma pessoa, um ser individual. A meu ver, ela assim apreende e respeita a integridade e a verdadeira natureza de seu filho, que ambos gradualmente conhecerão à medida que o crescimento prosseguir. Ao mesmo tempo, a mãe reconhece a independência que o bebê tem dela, algo enfatizado pelo nascimento. Isso representa para ela uma perda, que é reposta pelo cumprimento de seu papel como elemento do par afetuoso. A perda muitas vezes acarreta uma depressão transitória, que provavelmente ajuda a preencher a lacuna deixada pela ausência do bebê dentro de si.

Superficialmente, tem-se a impressão de que a primeira mamada é uma iniciativa exclusiva da mãe, embora esteja claro que o bebê logo participa de sua promoção. Isso é relatado já nas pioneiras observações realizadas por Call (1964), que demonstraram que, após as primeiras mamadas, se a mãe puser o bebê em posição vertical, ele entra numa seqüência comportamental – comportamento de aproximação – que, com a cooperação materna, o leva ao seio. Assim, podemos considerar o comportamento da mãe como facilitador de uma deintegração que levará o bebê a dar início a ações que culminam em tomar o mamilo na boca e começar a sugar. Várias evidências fornecidas por outras pesquisas acadêmicas e observações de recém-nascidos demonstram até que ponto o bebê contribui para a formação do par afetuoso. Já há muitos anos, Merell Middlemore mostrou que o bebê não suga um mamilo deformado, e há outros exemplos em que a iniciação à amamentação é difícil ou até impossível para alguns bebês e mães.

Ao estabelecer a situação da amamentação, a unidade do bebê é perturbada por atos deintegrativos, os primeiros do *self*. A teoria dos deintegrados, porém, pressupõe um padrão dirigido que emerge do *self* total e carrega em si características do potencial psíquico do *self* total. Daí, cada reação (ato deintegrativo) seria para o bebê uma experiência de seu mundo total. Essa situação evolui após algum tempo para a onipotência infantil, uma característica bastante bem definida do comportamento infantil. Dentro desse estado de espírito, não pode haver seio "lá fora" (o seio tornou-se um objeto do *self*) e o bebê só pode vivenciá-lo por meio dessa representação do *self*. Entretanto, isso só pode ser verdade em parte, conforme indica o experimento de Call. A observação de bebês e mães também confirma que a onipotência não é mantida todo o tempo. Além disso, sabe-se há muito que a forma do mamilo pode facilitar ou desestimular o apego do bebê ao seio; portanto, ele tem capacidade de discriminação.

Estando a amamentação estabelecida por atos deintegrativos e facilitada pela mãe, parte do leite previamente ingerido pode ser regurgitada, mas isso será acompanhado finalmente de sono (reintegração). São esses atos deintegrativos que colocam em ação os sistemas sensórios e motores (ver, sorrir, tocar) e, assim, fornece-se material para o crescimento do ego na primeira mamada, como também em todas as mamadas subseqüentes.

Não pretendo analisar detalhadamente que tipo de consciência o bebê possui nas suas diferentes fases de desenvolvimento. Entretanto, mencionei em edição anterior deste livro o trabalho preliminarmente realizado por Spitz. Ele afirma (Spitz 1993) que, a princípio, as percepções são vagas e globais e que só com cerca de três meses o bebê pode reconhecer "pré-objetos". Segundo o estudioso, o sorriso do bebê depende de ele ser apresentado a um esquema composto de testa, olhos e nariz. Só com sete meses, conforme afirmou, é que ocorre o reconhecimento pessoal; só então é que se estabelecem relações objetais libidinais. Apesar da importância que tiveram na época, seus estudos hoje parecem muito datados. Além disso, dependem do estudo do tipo de consciência que um bebê pode ter num determinado estágio de seu desenvolvimento. Isso é interessante, mas a distinção entre sistema consciente e mente inconsciente – no sentido que conhecemos em crianças e adultos – pode impedir o estudo do bebê como um todo em relação à mãe.

Desde a publicação do trabalho pioneiro de Spitz, intensa pesquisa vem sendo empreendida, dando lugar a uma atitude diferente diante da primeira infância, a qual coloca o *self* no centro dos estudos. Stern (1985) compilou o trabalho existente sobre o desenvolvimento da "noção de *self* e de outros" no bebê. Apesar de não postular um *self* primordial no sentido que eu lhe dou, ele quase o faz: seu estudo é de representações do *self* que se desenvolvem a partir do *self* primordial conforme eu o vejo, concluindo que, antes de mais nada, pode-se distinguir uma noção de *self* emergente, seguida da formação em seqüência de um "*Self* Nuclear", um "*Self* Subjetivo" e um "*Self* Verbal". Há ainda outras conclusões que são relevantes para as minhas proposições. Ele nos diz que a aprendizagem do que é variável e invariável no ambiente não é um processo apenas abstrato, mas está indissociavelmente ligado à experiência afetiva. Além disso, a experiência sensorial é organizada de forma particular: os sistemas perceptivos não estão separados como na vida adulta, de modo que as mensagens visuais e auditivas podem operar como se fossem a mesma coisa. A esse fenômeno ele chama de "transferência de informação em modo cruzado" (Stern, p. 48 e ss.). Pode-se aqui tecer uma consideração à luz de meu postulado do *self* primordial: isso significaria que as percepções sensoriais resultam de um deintegrado do *self* total, no qual todas as modalidades de sensação seriam apenas parcialmente distinguidas.

Não importa como os objetos sejam percebidos pelo bebê, não resta dúvida de que ele visa ao objeto desde o início da vida extra-uterina. Por isso, é impossível que ele exista apenas num estado narcísico, que esteja fundido ou identificado com o inconsciente da mãe, que seja apenas parte dele ou que seja essencialmente não integrado (Cf. Winnicott). Essas opiniões, a meu ver, são impressões por demais generalizadas daquilo que um bebê pode às vezes parecer ou de estados em que ele talvez esteja de vez em quando. Quando afirmo que o bebê se relaciona com o objeto, quero dizer que ele pode distinguir entre o que é ele mesmo e as partes da mãe com as quais tem contato, apesar de não estar consciente de fazê-lo – isso vem depois. A teoria do *self* sugere que ele esteja boa parte do tempo principalmente num estado que não é nem consciente nem inconsciente. Essa dicotomia estruturada – descritiva e dinamicamente tão útil no futuro – não é útil na descrição do comportamento inicial dos bebês.

O tipo de objeto que o bebê encontra está ainda mais claramente proposto na minha teoria. A observação indica que ele tem alguma percepção nítida da realidade, mas que também forma objetos a partir do *self* em relação ao ambiente. Esses objetos são considerados arquetípicos, de uma forma análoga ao esquema e modelos de outros pesquisadores, mas se representam de modo muito distinto do material etnológico por meio do qual os arquétipos são normalmente identificados. Eles podem ser observados na amamentação, quando um seio é tratado de modo diferente do outro e nos ataques periódicos à mãe ou nas tentativas de entrar em seu corpo: tudo isso tem características padronizadas. Julgo a notação de Bion útil com referência à formação inicial de objetos (Bion 1991): ele considera que os primeiros objetos são elementos beta; estes são transformados em elementos alfa pela função alfa. Os elementos beta têm a qualidade emocional de coisas concretamente experimentada em si mesmas, isto é, como "acréscimos de estímulos". Quando transformados pela função alfa, eles podem então ser sonhados e pensados. Esses elementos podem parecer demasiado abstratos, mas indicam que os objetos iniciais têm duas formas que precedem a formação de fantasias, sonhos e mitos, e isso é um estímulo para novas observações.

Uma das grandes mudanças que sofreu nossa percepção da primeira infância é o reconhecimento do modo como o bebê ativamente promove o apego de sua mãe a ele. Além de sua beleza inerente, há outras formas pelas quais ele lhe emite sinais e torna-se querido por ela, todas exemplos de atividade deintegrativa (por exemplo, o sorrir, o balbuciar e o olhar). Por outro lado, ele pode chorar, gritar e protestar de várias formas quando se sente incomodado. A atual compreensão da primeira infância mostra que o par afetuoso é essencialmente interativo. Nas primeiras semanas e meses, o *self* deintegra-se ainda mais. Simples descargas dividem-se em opostos, e isso permite ao bebê organizar sua crescente experiência em objetos "bons" e "maus". Os objetos que produzem satisfação – como o seio durante e após uma boa mamada – são objetos bons. Eles conduzem, talvez após um pouco de brincadeira com a mãe, ao sono e, assim, ao restabelecimento da unidade do bebê. Aqueles que não trazem satisfação por não atenderem às suas necessidades (sentidas como fome ou outros desconfortos relativos ao corpo), são objetos maus. Devo acrescentar aqui que os objetos do bebê não estão ligados apenas ao seio, mas logo se associam a um grupo de outras experiências derivadas do fato de ele ser tomado nos braços, afagado, banhado, limpo e trocado e admirado. Ele também ganha muita experiência quando olha ao seu redor, evacuando, ruminando ou pensando.

Os objetos bons e maus podem ser extasiantes ou catastróficos, e ambas as coisas são avassaladoras. Além dessas intensas experiências, o bebê começa a desenvolver formas de administrar seus objetos, cuja qualidade não depende necessariamente de seu real comportamento. Um curto período de ausência, por exemplo, pode transformar o seio numa coisa má e deixar que a fome absorva completamente o bebê. Como o seio ausente é vivenciado concretamente, ele é tratado como a origem de seu sofrimento, aparentemente dentro de si mesmo. O bebê poderá livrar-se dele evacuando-o (defecando ou gritando, por exemplo). Se a evacuação não tiver sucesso, o seio permanece inteiramente mau

– o seio bom não pode ser encontrado em lugar algum. Conseqüentemente, o bebê relacionará sua fome a um seio que alimenta, quando este lhe for apresentado, e isso poderá exigir muito empenho da mãe para conseguir que o bebê inicie a mamada. Não quero dar a impressão de que, se a mãe não o conseguir, o caso esteja perdido, pois o bebê tem meios para defender-se evacuando o objeto mau interior pelo ato de gritar continuamente, defecar, urinar e, surpreendentemente, formar um pensamento.

A idéia de objetos bons e maus está ligada ao conceito dos objetos parciais (V. Klein, *The Psycho-Analysis of Children*, 1932). Este parece à primeira vista bastante óbvio pelo fato de o bebê relacionar-se ao seio, que é apenas parte da mãe. Depois ele vai conhecê-la cada vez mais, vendo-a como um todo. Todavia, é questionável que o bebê inicialmente vivencie a mãe como um objeto parcial. Seu campo de experiência é, afinal, restrito, e só na medida em que ele ampliar sua experiência – e, portanto, seu conhecimento do corpo da mãe – é que ele reconhecerá o seio como parte dela. A capacidade perceptiva é, porém, incitada por sua experiência emocional do seio como algo ora satisfatório, ora não; pois se há dois seios, um pode ser bom e o outro, mau. Por conseguinte, postulo que existe um período no qual a experiência que o bebê tem do seio é a experiência de um objeto total, antes de ele ser vivenciado como um objeto parcial.

Ao dar tanta atenção à relação de um bebê com o seio é importante reconhecer o sentido mais amplo no qual o termo é usado. Uma mamada não é apenas uma questão de transferir leite; ela é também a experiência em que a relação do bebê com a mãe começa a desenvolver-se. O olhar, o afagar, o amar, o atacar e o cheirar também são importantes (enquanto observam-se também períodos de brincadeira, talvez com o mamilo), mas também se verificam intimidade e conflitos comparáveis no banho e nas trocas de fraldas. Nessa breve descrição da vida de um bebê, há longos períodos em que ele não está ativamente ligado à mãe. É assim no sono e quando ele está num estado mais reflexivo, até contemplativo, como se estivesse pensando sobre suas experiências, o que torna provável que desde cedo se possam prever processos mentais elementares em ação. Além disso, ele logo começa a estabelecer relação com coisas impessoais, como brinquedos e outros objetos que pode segurar ou colocar na boca, como o polegar e o punho. Dessa forma, ele expande progressivamente sua experiência e, assim, abre caminho para uma vida separada da vida da mãe.

Nesse período inicial, a previdência sensata e o cuidado da mãe em relação ao bebê têm especial importância. Embora cuide de necessidades fisiológicas, ela trata o bebê como uma pessoa – assim, ela se relaciona com o *self* do bebê, ao qual pode conhecer empaticamente por meio da identificação projetiva. Além do conhecimento consciente, as lembranças inconscientes de sua própria infância podem ter importância; na medida em que elas forem boas o bastante, a mãe poderá cuidar do bebê como uma pessoa à parte, mas também poderá colocar parte de si mesma na situação do filho e, assim, beneficiá-lo. Dessa forma, a previsão e a satisfação das necessidades do bebê com base no que já foram as necessidade dela própria permitem à mãe criar uma situação, por meio da identificação projetiva, na qual as perturbações ao filho são tornadas toleráveis. Isso facilita as seqüências deintegrativo-reintegrativas e está conforme as descrições feitas por Bion dos devaneios maternos, mediante os quais a mãe recebe os elementos beta do bebê e, valendo-se de seus próprios recursos, entende-os pelo filho. Além disso, se a projeção dela corresponder muito ao estado do filho, o *self* do bebê será assim afirmado, de modo que sua unidade será substituída pela unidade mãe-bebê. Esse estado é desejável apenas em certo grau, já que pode tornar a separação da mãe muito difícil para o filho.

Contudo é inevitável que ela frustre o bebê: algumas frustrações são toleráveis, enquanto outras, não; o valor das frustrações toleráveis está no fato de compelirem o bebê a administrar seus objetos bons e maus, especialmente pela projeção e pela introjeção, que agem no sentido de produzir uma preponderância de boas reservas nutrizes dentro do *self*. Dessa forma, a luta do bebê o leva a ganhar cada vez mais controle sobre seus objetos. A mãe o ajudará a desenvolver o ego e, desse modo, sua capacidade de distinguir-se dela e de distinguir as fantasias da realidade. Cuidando com carinho e empatia do filho, a mãe cria a base para a sensação de confiança da qual nasce a noção de identidade individual do bebê. Esse cuidado está ao alcance de qualquer mãe, contanto que ela conte com apoio do ambiente e não sofra interferências.

Contudo, a visão de uma "mãe boa o bastante" pode ser facilmente idealizada e, por isso, finalizarei com o comentário de uma mãe sobre uma palestra de que havia participado, na qual se promovia essa visão.

Ela disse algo assim: "Está tudo ótimo, mas o que fazer quando tenho de preparar o jantar de meu marido, amamentar a pequena [ela vai gritar se não mamar] e ainda arrastar o maior [de 2 anos], chorando preso à minha saia, até me deixar louca? A única vontade que eu tenho é que eles sumam todos da minha frente!" O turbilhão das relações familiares é inevitável e desejável; na verdade, a relação mãe-bebê que não tem um pouco disso torna a separação difícil e, às vezes, prejudicial. Em *O Nascimento Psicológico da Criança*, Mahler apresenta o exemplo de uma relação mãe-bebê quase ideal: ela dificultou muito a separação e, aos 3 anos, verificou-se que o desenvolvimento da criança estava atrasado. Portanto, é importante reconhecer não apenas o amor e o ódio que o bebê tem da mãe, mas também o amor e o ódio que ele pode evocar nela.

O DESENVOLVIMENTO E A ADMINISTRAÇÃO DE OBJETOS PARCIAIS

Postulei que a princípio o bebê vivencia apenas objetos totais, em parte devido à sua restrita visão da mãe e em parte devido à natureza de sua vida emocional. À medida que começa a conhecer melhor a mãe, ele reconhece que ela possui dois seios e que estes são apenas parte dela. Sua experiência emocional concomitantemente distingue, por deintegração, que ele tem experiências boas e más em relação ao seio e que, por conseguinte, há um seio bom e um seio mau, separados um do outro. A existência de objetos parciais bons e maus cria uma situação na qual emergem gradualmente inúmeras formas de lidar com eles. Um objeto mau pode ser projetado no seio e então parece que o seio esteja atacando o bebê, mordendo-o, embora na verdade seja o bebê quem o morda. Por outro lado, como implica o exemplo do seio mau acima, os objetos podem ser introjetados. Os mesmos processos ocorrem com os objetos bons: eles podem ser projetados no seio, que se torna idealizado e pode gerar não apenas satisfação mas uma sensação simultânea de êxtase. O seio bom também pode ser assimilado, introjetado, e isso dá ao bebê a oportunidade de ter dentro de si mais objetos bons, aumentando a vivência de si mesmo como bom pela identificação com o objeto bom.

Tudo isso implica que as experiências de objetos parciais bons e maus se tornaram representações. Quando isso acontece, estabeleceu-se um campo de consciência. A princípio, os dois tipos de objetos não têm ligação porque o bebê não possui meios para associá-los um ao outro, mas logo o ego começa a lutar com eles para manter os objetos bons separados dos maus. A ansiedade pode ser muito intensa e caracteriza-se pelo "tudo ou nada" que supõe um objeto onipotente e implacável.

O desenvolvimento dos processos conhecidos como projeção, introjeção e idealização – tão facilmente reconhecíveis como processos essencialmente psíquicos na vida adulta – é para o bebê muito mais primitivo e "físico". Assim, a projeção só pode ser percebida quando a experiência afetiva puder ser comparada à realidade e vista como distinta dela. O significado desse passo poderá ser compreendido se refletirmos que a equação mãe e *self*, antes de mais nada, leva a estados que no adulto seriam chamados de delírios. Eles são geralmente chamados de projeções, embora nessa fase a projeção seja mais insinuada que existente, pois só quando o ego cresce o bastante para que haja fronteiras entre o bebê e a mãe é que podemos dizer que o ego projeta, introjeta e se identifica com objetos; cada um desses mecanismos pressupõe a existência de dois marcos de referência, isto é, sujeito e objeto.

Porém, apesar de todos esses processos aparentemente ocorrerem independentemente da atividade do ego e serem, portanto, inconscientes, eles devem primeiro basear-se em estruturas arquetípicas que se tenham deintegrado do *self* nos estágios iniciais do amadurecimento. Cada uma dessas estruturas tem fronteiras e, assim, pode projetar ou introjetar partes de si mesmas em outras.

Apesar de tentadora, a dissecação minuciosa desses estágios iniciais de amadurecimento pode facilmente induzir a equívocos, pois eles pressupõem estruturas egóicas improváveis. Contudo, a utilização de termos compostos para os estágios intermediários mostrou-se útil: as identificações projetiva e introjetiva, por exemplo, foram alvo de amplo reconhecimento.

Antes de abandonar esta tentativa de conceituar um período primitivo, pré-pessoal e implacável, vale a pena tentar formular em termos físicos a natureza de dois desses processos dinâmicos conforme são vivenciados pelos bebês: a introjeção é comer, ouvir, ver e inspirar; a projeção é excretar, cuspir, regurgitar, vomitar e expirar. A identificação, ao contrário, não possui correlato em termos físicos, sendo uma evolução das primeiras experiências vestigiais da realidade.

Fizeram-se outras tentativas de entender a natureza dos primeiros objetos. Eles devem necessariamente originar-se do extremo vermelho ou infravermelho do espectro arquetípico (Fordham 1985a), mas Bion diferenciou ainda mais os elementos beta, que, por meio da função alfa, dão origem a elementos alfa. Trata-se de uma fórmula muito abstrata que se destina a evitar especulações. Eu a considero útil na diferenciação de dados apresentados no material de casos e na observação de bebês. Ambos os elementos beta referem-se a estados anteriores ao da fantasia, do sonho, do mito e da fala.

O objeto transicional
Os primeiros meses voltaram-se até aqui para os aspectos arquetípicos deintegrativos da unidade mãe-bebê e aos esforços rudimentares do ego para controlar os objetos parciais bons e maus com base nos padrões derivados da dinâmica inerente à natureza do *self*. A descrição foi posteriormente ampliada por Winnicott de um modo que interessa muito aos analistas junguianos.

Há muito se sabe que as crianças pequenas às vezes se apegam a objetos que parecem essenciais ao seu bem-estar. Tais objetos variam muito, podendo ir desde um pedaço de pano a uma boneca, especialmente se for macia. As crianças os tratam como bens preciosos e opõem resistência veemente, até violenta, às tentativas para sua remoção, como se sua própria existência dependesse de alguma forma desses objetos. A necessidade do objeto demonstra que ele não faz parte do mundo interior da criança e não representa uma parte da mãe nem outro objeto libidinal do mundo exterior, pois na verdade ele é controlável e tem múltipla significação.

O objeto transicional, como o chama Winnicott, tem sua origem nos períodos em que a mãe está por perto e o bebê se sente seguro e à vontade. Então ele pode pegar o seio, ou um pedaço de pano que entre em contato com a boca, para brincar e criar ilusões (ou delírios) que se tornam carregados de sentido. Assim, o objeto transicional liga-se aos objetos parciais, ao mamilo, à pele etc., que podem ser utilizados na produção de satisfação em termos de necessidade libidinal, mas que não a estão produzindo. O objeto transicional não é um substituto dos objetos libidinais e agressivos; ele é antes uma tentativa inicial de representação do *self* e, assim, pode ser a primeira de todas as simbolizações. No decorrer de seu desenvolvimento, o objeto transicional adquire características arcaicas e guarda em si toda sorte de representação de objetos parciais (isto é, orais, anais e fálicos). Essas representações, contudo, são estendidas ao objeto numa tentativa de ampliar a representação do *self* pelo ego, bem como a ação integradora do *self* durante os períodos de segurança e tranqüilidade que medeiam entre os de atividade deintegrativa. Aqui se torna claro que os estágios iniciais de objetificação psíquica ainda estão por vir e que o pólo "espiritual" do arquétipo está sendo usado e desenvolvido; com efeito, Winnicott situa aqui a fonte dos processos culturais (para maiores detalhes acerca desse tema, cf. p. 136 e ss.).

OBJETOS TOTAIS

Em torno dos sete meses, as observações e experiências indicam que ocorre uma mudança radical: o bebê reconhece a mãe como objeto libidinal (Spitz 1993) e fornece evidências mais explícitas de que a separação o aflige. Até esse momento é aparentemente mais fácil substituí-la por outra mulher, mas nesse ponto o bebê pode dar mostras de depressão anaclítica (Spitz 1946) se a mãe ficar ausente por períodos prolongados, especialmente em momentos de crise. Vários psicanalistas independentemente situaram mudanças por volta desse momento: Klein formulou a teoria da posição depressiva, com início por volta dos quatro meses e culminância aos seis; Winnicott o denominou estágio da preocupação, mas prudentemente deixou de determinar quando ocorria.

A mudança assemelha-se à passagem da "loucura" e não integração para a sanidade e integração; ela constitui um passo da vivência dos objetos parciais à convivência com objetos totais, isto é, pessoas. Enquanto ela se processa, a noção de realidade aumenta até tornar mais nítida para o bebê a sua situação de dependência. Ao mesmo tempo, o mundo interior – já possibilitado em parte pelas evoluções perceptivas, mas também pela introjeção prévia de objetos bons onipotentes em número suficiente, garantindo assim que os maus objetos não os sobrepujassem – é alvo de crescente definição.

A mudança das relações objetais parciais para as totais é especialmente significativa porque implica que os objetos que antes eram sentidos como bons ou maus, extasiantemente satisfatórios ou catastroficamente frustrantes, podem ser agora reconhecidos como um só objeto. Por conseguinte, o bebê preocupa-se em não destruir ou danificar, em seus ataques de raiva ou gula, o seio bom da mãe quando sentir que esse seio é também mau. E agora ele pode sentir que isso ocorreu e reconhecer sua necessidade de que a mãe continue a existir.

Nesse ponto ele poderá mobilizar alguns dos antigos sentimentos e, negando que o seio seja bom e mau, criar uma ilusão de que ele é apenas mau e, assim, tornar aparentemente seguro o triunfo sobre ele. Mas essa ilusão não funciona totalmente e assim seu triunfo não traz conforto, mas sim exaltação, excitação e inquietude.

A defesa do bebê em seu triunfo (defesa maníaca) é feita contra outra seqüência derivada do sofrimento e da preocupação – um protótipo da culpa –, que o leva a cair numa espécie de depressão que não deve ser confundida com seu equivalente adulto. Se ele de fato sentir isso, terá ainda de dar o passo seguinte na descoberta: ele pode reparar o dano. Ele pode sentir a presença de um buraco ou cavidade na mãe, feito durante seu ataque de voracidade, e imaginar que esse buraco pode ser preenchido, restabelecendo a integridade da mãe. Quando ele o faz, dá início a todos os sentimentos que depois se tornarão o "lamentar" e o "querer melhorar" o dano causado por um ato acidental ou deliberado do qual ele foi a causa. As sensações de culpa e tristeza e a capacidade de empreender uma reparação originam-se nesse período.

Esse esboço que tracei da evolução na infância baseia-se em sua maior parte na obra de Melanie Klein. Ao longo dos anos, em decorrência da realização de mais pesquisas clínicas e dos dados da observação de bebês, cheguei à conclusão de que nem o período em que predominam os objetos parciais (posição esquizo-paranóide, segundo Klein), nem a posição depressiva podem ser encontradas na sua forma pura e simples. O que geralmente predomina são padrões muito menos organizados.

Às vezes se pensa que a posição esquizo-paranóide é seguida pela posição depressiva, como se elas fossem dois estágios. Conforme minha experiência, elas não são estágios no sentido que pressupõe uma seqüência, mas sim empreendimentos que persistem por toda a vida e possuem grande conteúdo arquetípico. Creio que Bion nos prestou um grande serviço quando definiu a fórmula Ps<->Dp (esquizo-paranóide <-> posição depressiva) para indicar que qualquer das posições pode ser encontrada na sua forma pura e simples, mas que há vários exemplos – na verdade, provavelmente a maioria – que mostram uma mistura de perseguição e depressão. Todavia, o modelo aqui apresentado possui uma útil função orientadora e, por isso, mantive sua explicação quase que integralmente como na edição anterior.

A formação simbólica
Em geral as imagens simbólicas substituem cada vez mais a representação do objeto concreto. O aumento na noção que o bebê tem da realidade é simultâneo à formação de sua auto-imagem e, portanto, de sua capacidade de construir seu mundo interior. Seus objetos já não são do tipo mãe-*self*, mas sim seus próprios, e suas auto-imagens se distinguem das representações de objetos externos. Esse importante passo é parte essencial da formação dos objetos totais. Ao mesmo tempo, o que o bebê sente em relação à mãe e a si mesmo distingue-se na formação de objetos externos e imagens simbólicas de seu mundo interior.

Contudo, a progressão para a representação simbólica tem um aspecto diferente, que é promovido pela formação de objetos transicionais. Eles não pertencem nem ao mundo interior nem ao exterior, mas referem-se ou aliam-se a ambos. Por conseguinte, eles estão entre os dois e dão lugar a um simbolismo distinto, que liga a realidade e o mundo interior. Em primeiro lugar, eles participam da concretude dos objetos parciais, mas sabe-se que são importantes nos processos de aprendizagem, brincadeira e fantasia. Portanto, nos processos de simbolização eles se prendem menos aos objetos e mais a formas plásticas de expressão, razão por que posteriormente ganham significação do ponto de vista cultural.

Conclusão
Bastante já se disse que possa permitir uma conclusão relevante à teoria geral da psicologia analítica. O *self* no qual se desenvolveram os objetos onipotentes inter-relacionados passa a ser representado em um ego pessoal central organizado, que reflete sua totalidade e contém objetos bons e maus. Embora haja um desequilíbrio essencial – pois o número de objetos bons supera o de objetos maus –, desenvolveram-se estruturas que podem tornar futuros passos na separação tristes, mas recompensadores.

IDENTIDADE

Até aqui se pensou que o amadurecimento ocorresse durante a fase oral (nutricional), quando o bebê está preocupado principalmente com a boca como fonte de excitação, satisfação, frustração e ansiedade e como foco de seu cada vez maior mundo perceptivo. Suas pulsões deintegrativas, refletidas na fome e na voracidade, concentravam-se na alimentação e seu ego ocupava-se em ganhar sobre eles um progressivo domínio. Porém ocorreram muito mais coisas que a simples alimentação; ele atingiu gradualmente um maior controle sobre a musculatura esquelética, basicamente aplicada à exploração, atividade – em geral constituída de morder e arranhar com violência – que é uma das principais fontes de fantasias destrutivas. Além disso, as atividades anal e uretral desempenharam um papel que, embora não desenvolvido, foi abordado. Como na alimentação, a interação de energias libidinais e agressivas deu origem a ansiedades acerca do efeito das excretas sobre a mãe e ele próprio. Por um lado, houve prazer e satisfação na liberação de tensões internas: fezes e urina foram sentidas como partes do *self* que podem ser objetos bons, penhores de gratidão concedidos pelo amor e carinho, que trazem conforto quando a aflição e a dor ameaçam tornar-se insuportáveis. Por outro lado, houve o medo de afogar, envenenar e destruir, à mãe e a si mesmo, com uma violência imaginária que a princípio se exerce impiedosamente sobre o corpo dela e dele próprio. Depois, à medida que os objetos se tornam reconhecíveis como sendo tanto bons quanto maus, desenvolvem-se sensações de preocupação, tristeza e culpa e desejos de reparação, dando ensejo à ocorrência da simbolização.

A importância do controle sobre as excretas tem lugar em relação ao controle sobre a alimentação e a expansão do campo perceptivo do bebê, sua noção de realidade e, principalmente, seu mundo interior, localizado dentro de seu corpo. Suas excretas têm lugar de destaque na expressão de sua existência como pessoa possuidora de uma superfície de pele que determina o que está dentro e o que está fora. Embora possa exercer pouco controle sobre suas funções fisiológicas internas, ele pode cada vez mais decidir o que ingerir e o que expelir. Seu sentido de *self* se amplia à medida que sua imagem corporal se estabelece e pode ser abstraída, imaginada, simbolizada ou decomposta e aparentemente dissolvida. Mas continua saudável, uma vez atingido o controle sobre as excretas, a alimentação e a musculatura.

Os elementos essenciais de uma representação do *self* no ego estão muito bem fornecidos nesse paradigma simples da imagem corporal. Para completar o significativo dinamismo de sua vida, outras atividades devem ser acrescentadas: chorar, gritar, cuspir, inicialmente atividades de liberação, tornam-se comunicativas; as atividades incorporativas, como segurar e agarrar-se, são hoje cada vez mais reconhecidas como essenciais ao bem-estar do bebê e, portanto, como sentimentos do *self*.

A visão ocupa lugar especial na percepção e, no estabelecimento da constância objetal, surge a sensação de ser uma e a mesma pessoa no espaço e no tempo. Como o percepto da distância começa a funcionar na primeira mamada, o bebê é levado a explorar o mundo exterior e a formar a base para reconhecimento de que os objetos continuam a existir em sua ausência física. Mas a constância objetal não é apenas visual, ela se aplica tanto aos objetos fora da superfície da pele quanto à própria pessoa do bebê que, no contexto do cuidado e empatia maternos, descobre sua própria continuidade como ser; antes de mais nada, ela já estava lá, como o *self* no seu sentido transcendente, mas não possuía representação e precisava ser descoberta pelo ego gradualmente, parte por parte.

Os passos seguintes no autodomínio são dados por meio da exploração do mundo exterior. O bebê até esse momento dependia de que sua mãe lhe apresentasse partes de si mesmo direta ou indiretamente, exceto no que tange ao ver e ao ouvir. Sem dúvida, ele pode começar a colocar comida na boca quando esta é colocada perto dele o bastante e já aprendeu que a expressão da raiva e do sofrimento resulta na obtenção de objetos, além de poder fantasiar um controle mágico e onipotente sobre eles. Mas só quando consegue começar a engatinhar é que ele pode realmente aumentar a precisão e a variedade de sua capacidade de descoberta, na qual até então só os olhos e ouvidos tinham maior utilidade.

Ainda lhe resta uma outra atividade motora a dominar: a fala. Uma vez atingido seu controle, o bebê se viabiliza com relação a todos os requisitos essenciais: torna-se uma pessoa basicamente independente e dotada de plena capacidade de comunicação.

A FASE DE "SEPARAÇÃO-INDIVIDUAÇÃO"

Quando a criança adquire a capacidade de mover-se – primeiro engatinhando e depois andando – atinge o estágio em que deixa de ser um bebê, por assim dizer. A partir daí, ela se torna fisicamente muito mais independente da mãe: pode brincar com brinquedos de sua escolha, pode pegar os que quiser sem precisar esperar que eles lhe sejam trazidos e pode manipular uma grande variedade de objetos com uma habilidade que aumenta rapidamente.

Normalmente, uma criança nessa fase brinca sozinha por tempo restrito e não consegue tolerar a ausência prolongada da mãe sem demonstrar aflição. Se brincar sozinha, tende a voltar à mãe periodicamente, subir-lhe no colo e depois descer para continuar a brincar. Em pouco tempo, a ausência materna pode ser tolerada e substituída pela presença de outras pessoas até que, ao atingir a idade pré-escolar, a criança pode participar com sucesso de um grupo.

Essas manifestações de independência progressiva devem-se também ao uso que ela faz dos brinquedos como representações simbólicas de idéias e fantasias que facilitam a independência e desenvolvem as relações sociais por intermédio de um meio objetivo de comunicação. Esse período de tantas evoluções na vida da criança foi chamado por Mahler *et al.* (1977) de fase de separação-individuação devido ao fato de pôr fim à "fase simbiótica" de identidade entre mãe e bebê. Suas formulações chamam a atenção para a crescente capacidade de mobilidade como expressão contundente da individuação em ação. Além disso, há claros indícios de que a criança esteja desenvolvendo suas funções egóicas nessas atividades independentes, que em breve prescindirão da presença da mãe. Certamente, há muitos sinais de identificação além dos processos de individuação. A necessidade que a criança tem de reunir-se à mãe ainda se evidencia entre as atividades exploratórias, mas nesse período não resta dúvida de que a identidade primária ou, conforme a chamou Jung, *participation mystique*, esteja entrando em progressiva dissolução. A vida simbólica da criança pequena também se vai estabelecendo melhor à medida que ela adquire maior domínio da realidade. Esse é um período de integração cada vez mais estável. Inicialmente, os processos deintegrativos predominavam no crescimento; gradualmente, isso passou a ocorrer com menor freqüência e então, com o desenvolvimento de um mundo interior, teve início a verdadeira simbolização e a noção de realidade tornou-se maior; os processos de separação-individuação já se encontram bem encaminhados. Por volta dos 2 anos, pode-se dizer que o crescimento do ego tenha atingido um ponto suficiente para que a estabilização dos processos integrativos prepondere sobre as seqüências integrativo-deintegrativas primitivas. Os processos de individuação iniciados quando do desenvolvimento das relações de objeto totais são agora nitidamente visíveis. A definição de Jung de que a individuação é "o processo de formação e particularização do ser individual (...)" e "o desenvolvimento da consciência [o ego] a partir de um *estado primitivo de identidade*" é claramente aplicável.

O uso do termo "individuação" em relação à primeira infância ocasionou protestos de que esse não seria o emprego pretendido por Jung. Para não gerar confusão, Henderson (1967) propôs referência aos "processos de individuação", reservando a palavra "individuação" para indicar aqueles processos em que Jung tanto laborou na última parte de sua vida. A única objeção que faço a essa proposta de Henderson é que ela dá ensejo a um inchaço da nomenclatura e faz parecer como se os processos dinâmicos em cada caso fossem essencialmente distintos – e essa não é a minha posição.

O CONFLITO EDIPIANO

A próxima fase crítica do amadurecimento é a do conflito edipiano. Trata-se do período durante o qual se lança a base para a subseqüente vida heterossexual. Nesse período, as sensações, os impulsos e as fantasias genitais amadurecem e tornam-se conscientes.

O aspecto desse período para o qual quero chamar atenção é sua importância para a crescente noção que a criança tem de sua identidade. Os primeiros conflitos de identidade têm início no período pré-edipiano; eles se tornam cada vez mais evidentes durante a fase em que a criança começa a engatinhar e caminhar e culminam na fase edipiana porque aí há uma liberação dos sentimentos que a criança tem a seu próprio respeito como pertencente ao sexo masculino ou feminino.

Se o menino ou menina tiver pais tolerantes em quem confie, terá percebido a existência de diferenças sexuais antes dessa época; a inveja do pênis na garotinha e o orgulho do pênis no garotinho, aliados à ansiedades de castração em ambos, já se terão tornado conscientes se a atitude dos pais for perceptiva e tolerante. Caso esta seja inadequada, as descobertas serão guardadas ou feitas indireta e furtivamente. No período edipiano, o estabelecimento da primazia genital e as rivalidades e ciúmes do/a genitor/a do mesmo sexo tornam-se cruciais. As fantasias, sentimentos e impulsos ligados ao relacionamento físico entre os pais ganham peso e emoção maiores. A cena primal, que antes se acreditava representar o testemunho da relação sexual entre os pais pela criança, foi posteriormente admitida como representação não só do evento real, mas também das fantasias da criança sobre a união sexual. Essa descoberta significa que a situação é uma situação arquetípica. Ela corresponde à conjunção, muito estudada por Jung (OC XIV) como característica central da individuação. De acordo com o mestre, a união de opostos à qual ela conduz tem representações abstratas, arcaicas e sexuais quase infinitas. Para uma criança, a cena primal abrange praticamente qualquer situação em que os pais estejam, na realidade ou na fantasia, ocupados exclusivamente um com o outro em detrimento dela. Ela se adapta a essa situação atacando-os e tentando separá-los ou colocando-se, na brincadeira ou na fantasia, no lugar de um ou de outro ou de ambos.

Se o amadurecimento prossegue normalmente, a situação conduz a conflitos que giram em torno de uma posição genital. Em meio à progressão, há regressões periódicas nas quais são revividas experiências iniciais que levam a fantasias e especulações: os pais podem ser concebidos como amamentando um ao outro ou tendo prazer sensorial em atividades excretórias, não sendo raro haver bizarras combinações. Como nas "descobertas" sexuais anteriores os conflitos da criança podem ser amplamente inconscientes; com efeito, se tornarão conscientes ou não a depender, em boa parte, do fato de os pais perceberem o que está acontecendo e serem compreensivos.

O desfecho satisfatório dessa situação freqüentemente complexa é ocasionado por um realinhamento das identificações. Se os processos de amadurecimento anteriores tiverem transcorrido de maneira suficientemente tranqüila, a identificação com o/a genitor/a do mesmo sexo estabelece-se firmemente. A ansiedade e a culpa da masturbação aumentam e levam ao domínio repressor das pulsões libidinais.

A importância desse período é crucial para a formação da identidade. Por meio da identificação, os afetos sexuais da criança organizam-se em padrões de comportamento e respectivas fantasias, os quais estão de acordo com sua imagem corporal e sua herança física. Além disso, esses padrões aliam-se por intermédio dos pais à matriz coletiva, consciente e inconsciente, na qual a família vive. Nesse processo, as identificações anteriores com o sexo oposto permanecem, mas são incorporadas ao mundo interior da criança. O conflito edipiano reforça extremamente o estabelecimento de figuras de *anima* e *animus* que ficam prontas, por assim dizer, para serem projetadas nos relacionamentos amorosos da adolescência. É aqui que as principais tendências doravante serão dirigidas para a adaptação social, na qual Jung colocou tanta ênfase quando frisou os objetivos sexuais e adaptativos dos jovens. Ele tinha razão em fazer isso por causa da intensidade de seu estudo dos processos introversivos da vida adulta. Mas, na verdade, não há razões para acreditar que as implicações sociais nas identificações que resolvem os conflitos edipianos sejam tudo. O aumento no sentido que a criança tem de sua própria identidade é, com efeito, testemunho da ação de processos favorecedores da individuação ou, dizendo em outras palavras, o alinhamento de suas fantasias e comportamento sexuais com seus impulsos e sua imagem corporal aumentam sua capacidade de uma verdadeira auto-expressão. Se o ego se fortalecer, a totalidade subjacente do *self* não ficará necessariamente inacessível.

Pode-se invocar a teoria da repressão em defesa da idéia de que o desenvolvimento unilateral é necessário e inevitável. Essa defesa, porém, pertence ao conflito edipiano e leva à latência sexual, que só vai até a adolescência. Contanto que ela seja promovida interiormente e que sua função interior não seja mascarada por pressões pessoais e sociais, torna-se parte dos meios de desenvolvimento do indivíduo durante a latência. As defesas têm origem quando a deintegração do *self* dá vida aos opostos e quando começa a luta do ego do bebê para estabelecer seus objetos bons diante dos maus. O conflito evolui para a ansiedade de castração quando a fase edipiana se instala. Portanto, a repressão é uma maneira de lidar com os conflitos interiores. Ela não se aplica quando a maturidade sexual é atingida. Porém, se for preciso invocar uma defesa em apoio a uma teoria questionável, que dizer de todas as outras? Se todas entrassem em jogo, então a individuação significaria a abolição de funções essenciais do ego, e não é assim que ela é concebida.

LATÊNCIA E ADOLESCÊNCIA

Com a passagem do conflito edipiano, todas as estruturas essenciais ao desenvolvimento posterior estão lançadas; cada uma se desenvolverá ainda mais em extensão, riqueza e complexidade; cada uma entrará em novas combinações e será aplicada em diferentes campos.

A partir daqui, o alcance da consciência cresce e se consolida no desenvolvimento de atividades exteriores à família, a maioria das quais na escola. Durante esse período, a *persona* se diferencia e a criança descobre como participar mais da sociedade e encontrar nela seu lugar.

Na adolescência, essa relativa estabilidade é perturbada pela maturação da sexualidade da criança. Seus efeitos serão considerados adiante, no Capítulo 8, pois um significativo impacto da turbulência da adolescência – que, a bem dizer, não cabe na infância – se exerce sobre os aspectos sociais da vida familiar e sobre a sociedade em si.

7 *A Família*

O amadurecimento só pode dar-se em toda a sua plenitude num ambiente bom o bastante, e isso implica uma vida familiar baseada num casamento bom o bastante. Aqui não há lugar para perfeccionismos, e a inevitabilidade do conflito no casamento é bem expressa na fórmula simbólica de que o masculino e o feminino são opostos. Quando há opostos, há conflitos; um casamento sem eles é suspeito. Todos entendem que é inevitável o conflito entre pais e filhos, mas os conflitos entre os pais, se resolvidos, são igualmente uma expressão de vitalidade na relação conjugal.

Seria errôneo alegar que *todo* conflito é desejável; antes é a sua natureza que é importante, tanto quantitativa quanto qualitativamente. O conflito destrutivo e ostensivo entre os pais é nocivo aos filhos, mas a ausência de conflito nos assim chamados casamentos "felizes" também pode ser prejudicial, especialmente quando a felicidade é irreal, idealizada e mantida à custa da vida dos instintos.

O quanto esses casamentos "felizes" podem prejudicar uma criança pode ser visto em seus resultados a longo prazo: tome-se o caso de uma jovem que, exatamente como suas três irmãs, jamais se casou. Todas se apaixonaram por homens que não lhes correspondiam ou eram casados. A princípio, a vida conjugal dos pais parecia boa; não havia conflitos ostensivos, mas sim harmonia, e a filha adorava o pai, que correspondia à sua afeição, fazendo-a crer que era a filha predileta, como também acreditavam as outras irmãs. Entretanto, para manter essa estabilidade, o pai havia pago caro em termos de si mesmo e de sua vida instintiva, conforme contou à filha em breves linhas antes de morrer. A mulher fora conivente com ele, e o resultado é que o estágio no qual a filha idealiza o pai não pôde se desenvolver ou mudar para uma base mais realista e, assim, sua sexualidade permanecera infantil. Em decorrência disso, toda a sua experiência erótica adulta era frustrada pela interposição da imagem do pai nos relacionamentos dela com os homens.

Esse exemplo ilustra a tese de Jung de que a vida não vivida dos pais se torna a carga dos filhos ou, em termos mais técnicos, a psicopatologia dos pais é introjetada pelos filhos. A fórmula tem várias facetas, pois faz grande diferença o estágio de desenvolvimento em que a influência dos pais mais se faz sentir. Os exemplos na literatura da psicologia analítica derivam na maior parte das identificações pós-edipianas, quando a solução da situação conflituosa dos pais traz alívio para a criança cujo ego se tiver desenvolvido suficientemente para resolver o trauma após a eliminação de sua causa. Mas o dano começa antes, na primeira infância: quando um bebê não é carregado, alimentado ou cuidado adequadamente, o resultado é muito mais grave e, às vezes, catastrófico.

A fórmula negativa sobre pais e filhos pode com proveito ser relacionada a outra proposição: a de que, cuidando de um bebê e criando um filho, os pais recapitulam sua própria infância. Ao fazê-lo, surge a oportunidade de reviver e resolver com o filho os fracassos ou desvios de desenvolvimento resultantes de seu próprio passado. Só quando esse redesenvolvimento fracassa é que ocasiona injunções ou danos à criança, pela impossibilidade de modificar a vida afetiva dos pais e pela persistência de uma situação traumática por meio do reforço contínuo.

Pode haver vários motivos para que um casamento ocorra, mas os que têm especial interesse para os analistas junguianos são aqueles que derivam das identificações que o casal estabelece no curso de seu próprio amadurecimento. Eles decorrem de vários níveis, mas o modo como se resolveu a situação edipiana dos pais em perspectiva é o mais importante. Para resumir, é necessário que marido e mulher reflitam suficientemente as características dos avós do sexo oposto. A semelhança demasiada cria reações infantis, da mesma forma que a diferença demasiada torna a adaptação mútua excessivamente difícil. A razão especial para adotar essa idéia decorre das formulações de Jung acerca do significado dos costumes matrimoniais em tribos primitivas. Ele alega (Cf. Jung OC XVI, parág. 431 e ss.), seguindo Layard, que estes se estruturam com vistas à garantia de uma troca compensatória adequada; são um acordo entre as tendências endogâmicas e exogâmicas. As primeiras consolidam os laços da família; as segundas levam à solidariedade grupal e à continuidade da vida espiritual. O excesso de uma ou de outra das tendências acarreta conseqüências indesejáveis, pois a família ou se tornará uma unidade anti-social (por ser satisfatória em si mesma) ou não receberá libido suficiente para estabilizar-se.

A tese de Jung (*ibid.*, parág. 433 e ss.) traz consigo a idéia de que o casamento depende em boa parte da projeção mútua de formas arquetípicas inconscientes, o *animus* e a *anima*. Além das identificações com o/a genitor/a do mesmo sexo que ocorrem durante o amadurecimento, Jung afirmava que elas representam o substrato arquetípico no qual as identificações são construídas. O arquétipo se expressa em fantasias típicas acerca de como os homens – no caso da mulher – ou as mulheres – no caso do homem – devem ser idealmente e pressupõe que os seres humanos são funcionalmente bissexuais. O casamento se consolida quando cada parceiro carrega em si um volume suficiente de tais projeções arquetípicas, que só gradualmente são retiradas, à medida que cada um precisa criar uma apreciação cada vez mais realista do outro. Essas afirmações simples sobre o casamento nos bastam para os fins que pretendemos. Na verdade, ele é uma combinação relativamente simples em termos biológicos que se torna extremamente complexa devido à gama de fatores pessoais e sociais que influem sobre ela e nela se mesclam. De momento, sua eficácia será considerada irrefutável e, assim, a discussão a seguir pressupõe que os filhos sejam criados dentro de casamentos bons o bastante. Seu objetivo é indicar os efeitos que os filhos exercem sobre os pais e os benefícios que deles recebem.

A vida familiar inicia-se quando a esposa engravida. Então ela começa a redirigir parte da libido que antes se voltava para o exterior para as mudanças que seu corpo está sofrendo e para o bebê que cresce dentro dela. A princípio, ela cuida das atividades cotidianas como antes, mas, à medida que se torna cada vez mais dependente e necessitada de depender, a estabilidade de sua relação com o marido é testada.

O aumento das exigências que ela faz ao marido decorrem de sua necessidade de que ele participe da gravidez fazendo o que pode para aliviá-la de sua carga física. Mas, assim como se torna fisicamente dependente, ela também se torna emocionalmente vulnerável e carente do carinho e da proteção dele. Tudo isso será suficientemente bem entendido por um casal que confie um no outro pelo fato de haver vindo de famílias boas o bastante e de se lembrar como seus próprios pais se comportavam e como eles mesmos reagiram à gravidez de suas mães e ao nascimento de outro bebê. Nessas condições, os instintos que incorporaram serão confiáveis.

Quando a mulher entrava em trabalho de parto, era costume afastar o marido até que o nascimento tivesse ocorrido. A equipe médica, visando tornar o nascimento seguro para mãe e bebê, reforçava esse costume e, assim, o pai, considerado um fator de complicação, era excluído para que se pudesse fornecer o máximo de cuidados médicos. Hoje em dia, porém, o acompanhamento pré-natal tornou o parto algo bastante seguro e, se os pais quiserem ficar juntos, não há razão para impedi-los, preservando assim a continuidade da experiência entre ambos. Existem técnicas de "parto natural" que exigem a presença do pai e mostram que, num bom casamento, o parto pode tornar-se mais fácil.

PRIMEIRA INFÂNCIA

Quando o bebê nasce, a mãe já está instintivamente preparada para atender, com o apoio do marido, às suas necessidades. Ela se relaciona com o bebê por meio da preocupação materna primária. Winnicott cunhou a expressão no intuito de descrever a capacidade da mãe de deixar-se absorver pelo bebê durante as últimas semanas da gravidez e as primeiras de vida extra-uterina do bebê. Dessa forma, ela se mostra sensibilizada às necessidades absolutas do filho e, com efeito, imediatamente começa não apenas a satisfazê-las, mas a adivinhá-las. Nesse período, o bebê tem poucos recursos para orientá-la e, por isso, uma necessidade não satisfeita pode facilmente tornar-se catastrófica. O número de evidências que indicam que durante esse período se cria a base para o bebê formar a primeira representação do *self* é cada vez maior. Winnicott, de quem provém essa formulação, usa uma notação diferente porque não utiliza o conceito do *self* como eu. Ele argumenta que, se a mãe não propiciar um ambiente bom o bastante, não se formará um *self* – um falso *self* o substituirá. Recentemente, Meltzer frisou a importância da mãe bela com seu belo bebê e as complexas implicações daí decorrentes (Meltzer e Harris Williams, 1995).

As últimas semanas da gravidez e as primeiras semanas de vida são, portanto, cruciais para o futuro desenvolvimento do bebê. Há aqui uma seqüência natural: a crescente concentração da mãe no bebê que carrega dentro de si, levando ao nascimento, seguido da preocupação materna primária. Sem dúvida, a mãe, tendo carregado o filho dentro de si, é a pessoa que melhor pode administrar o período após o nascimento e, assim, a mais indicada para garantir a formação de representações do verdadeiro *self* pelo bebê. Embora muito se possa fazer para compensar aquilo que normalmente se chama "mimar", na verdade não há uma solução definitiva.

Uma conseqüência da preocupação materna primária é privar ainda mais o pai da libido previamente investida nele. É comum não se considerar a sua reação a isso particularmente importante, mas ela o é e, por isso, a incluo aqui. Naturalmente, há para ele ganhos primários e secundários: satisfação e orgulho da mulher e do bebê e novos motivos para investir no trabalho, a fim de assegurar a sobrevivência material deles. Além disso, ele pode recorrer a identificações maternais e assumir uma postura maternal ao dar segurança à mulher e ao bebê e deixá-los entregues às descobertas mútuas sem interferências. Talvez o que ele faz tenha merecido tão pouca atenção porque parece tão óbvio e seu feito, tão ínfimo. Mas, apesar disso, sua confiabilidade e estabilidade emocional são dura e continuamente postas à prova, de forma que, com a chegada do primeiro filho, a família é submetida a um *stress* que jamais se repetirá da mesma maneira.

Quando a fase inicial chega ao fim, a mãe pode reconhecer que o bebê estabilizou uma relação com ela. Doravante, ela terá a segurança de poder frustrá-lo, pois ele será capaz de apreender o significado disso e reagir – chorando ou mediante outras expressões de raiva – com previsibilidade cada vez mais maior, dando-lhe sinais de estar com fome ou sofrendo de algum outro tipo de desconforto. A partir de sua própria experiência da infância, ela adquire uma base relativamente segura para saber quais as emoções que seu filho pode começar a administrar e o que se tornará destrutivo; ao mesmo tempo, ela pode chegar a determinar por quanto tempo seu bebê consegue tolerar sua ausência quando está desperto.

O que a mãe primeiro conhece é o *self* de seu bebê. Entretanto, logo são claramente perceptíveis rudimentos de um ego que rapidamente cresce, principalmente por meio das primeiras brincadeiras entre as mamadas e do êxito na administração da frustração tolerável.

Essa tentativa – um esboço apenas – de traçar rapidamente a forma como a mãe estabelece o par afetuoso implica um certo grau de regressão necessária. Pela regressão, ela pode estabelecer empatia diante do filho e desenvolver-se, se for preciso. Contudo, essa regressão não responde pela miscelânea de afetos a que o bebê a sujeitará: ela terá de participar de sentimentos de ser sugada até ficar seca, mordida, devorada "canibalisticamente", rejeitada, insultada, violentamente agredida, como também da de ser amada, adorada e cativada. Toda essa riqueza de experiência deve evocar-lhe tanto o amor quanto o ódio e, assim, seus próprios sentimentos infantis serão provocados. É provável também que sejam evocadas outras crises de adaptação pelas quais ela tenha passado na vida.

Esse quadro da atuação materna destina-se a introduzir um aspecto da natureza da mãe; um aspecto que, apesar de instintivo, não racional e semiconsciente, é confiável. Trata-se de um aspecto daquilo que Jung chamou eros, cujos louvores entoou em termos tão elogiosos, principalmente em *Memórias, sonhos e reflexões* (1975, p. 305 e ss). Porém seu louvor tende a obscurecer o eros realista e não mitológico que vive uma mãe. As tensões a que ela é submetida tornam compreensível que ela precise de ajuda. Algumas mães exigem mais, outras, menos; portanto, se uma mãe não consegue atingir a preocupação materna, não há por que evitar procurar substitutos. A idealização da maternidade não se justifica; se a amamentação não for tolerável, pode-se usar a mamadeira e recorrer a auxiliares, de forma que a mãe não se veja impedida de fazer aquilo de que é capaz.

Da mesma forma que as mães apresentam variação em sua capacidade de adaptação aos filhos, os pais diferem em sua capacidade de prover suas mulheres de apoio e cuidados – de cuidar do bebê por algum tempo, fazer a comida, ajudar a preparar mamadeiras etc. Se a vida instintiva e infantil da mãe é posta à prova, o mesmo ocorre com a do pai: para ele, esse período pode invocar inveja e ciúme dos quais ele precisa tomar conhecimento e, se necessário, dar-lhes curso, reconhecendo ativamente suas limitações e conseguindo para sua mulher o apoio e a ajuda práticos que ele possa não ter condições de oferecer pessoalmente.

CONFLITOS EDIPIANOS

Até aqui o pai se manteve em segundo plano – foi uma espécie de observador participante e essencial que forneceu à mulher um lar seguro e outras formas de apoio. Mas esse nem sempre é o caso e, de fato, ultimamente um número cada vez maior de pais passou a participar das instruções pré-natais e do parto em si.

Quando isso acontece, põe em relevo a intensidade que pode apresentar o impacto do bebê, levando ao que Greenberg (1985) bem denominou "monopolização do pai". O fenômeno por vezes atinge intensidade quase delirante: o pai pode sentir que foi ele, e não a mãe, quem produziu o bebê! Naturalmente, isso constitui uma exceção, mas ilustra o tipo de sentimento menos exagerado que o nascimento pode provocar. Em termos ideais, sua experiência leva a uma relação mais estreita com a mulher e a um maior senso de responsabilidade pelo cuidado tanto da mãe quanto do bebê.

À medida que o desenvolvimento prossegue, principalmente durante as gestações posteriores e o conseqüente nascimento de novos filhos, os mais velhos se voltarão para o pai, já que a libido da mãe lhes é parcialmente retirada. Embora desde o início o pai possa ter íntima relação com o filho, sua importância é imensamente aumentada quando os conflitos edipianos triangulares se intensificam. As pulsões – que se mobilizam na criança com particular intensidade – são ambivalentes, fortemente sexuais e agressivas e podem provocar reações comparavelmente intensas nos pais. Saber que a criança sente ciúme e rivalidade diante do/a genitor/a do mesmo sexo, além de culpa pela excitação genital e concorrentes ansiedades de castração, pode ajudar um tanto, mas em crises afetivas infelizmente não se pode confiar no saber intelectual.

A posição de Jung diante da sexualidade infantil sempre foi – com alguma razão – muito criticada, pois suas idéias acerca de como compreender os fatos oscilavam entre extremos muito distantes. Em certas ocasiões, ele chegou ao ponto de dizer que encarava a questão do ponto de vista dos pais, como se a sexualidade infantil fosse um fenômeno introjetivo. Como jamais burilou esse posicionamento, não se sabe o que ele realmente queria dizer. Contudo, sua exagerada afirmação tem seu valor por incluir a vida afetiva dos pais na situação edipiana. Ela provavelmente se refere à observação de que os conflitos entre os pais podem levar, por um lado, à manifestação sexual compulsiva nos filhos ou, por outro, à supressão quase total dos sentimentos, impulsos ou fantasias diretamente sexuais na criança.

É comum haver ansiedade entre os pais porque, com seu comportamento, a criança pode provocar-lhes sentimentos sexuais. Se a posição de Jung não pode ser defendida, também é verdade que o papel dos pais nos conflitos edipianos recebeu pouquíssima atenção e é curioso que tenham suscitado tão poucos registros. Sem dúvida, ele não é discutido abertamente devido ao tabu do incesto, que pressupõe que os pais farão valer seus desejos sexuais se não forem impedidos por sanções sociais. Mas se o amadurecimento sexual significa alguma coisa é o fato de poder ser tomado como sinal de maturidade quando a criança consegue excitar os pais. Longe de levar a perversões, isso seria um sinal de saúde, contanto que fosse reconhecido como parte do padrão do conflito edipiano, no qual as pulsões libidinais são intrinsecamente contidas pela culpa e ansiedade de castração. É preciso um ego forte para administrar essas pulsões, e isso só pode ser feito se a vida sexual entre os pais for saudável e eles tiverem parte na vida libidinal do filho, reconhecendo que sua frustração tem papel essencial no amadurecimento. Qualquer ansiedade infantil por parte dos pais será implacavelmente percebida pelos filhos, e daí decorre o ciúme infantil muitas vezes aflitivo, que pode ser negligenciado e, assim, levar à recriminações entre os pais.

A situação edipiana é a culminância do desenvolvimento de uma criança e, portanto, não pode ser considerada isoladamente. A forma que ela assume depende de vicissitudes prévias na relação genitor/a–filho e o sucesso em sua resolução depende, mais uma vez, da saúde instintual dos pais. Esse é o elemento importante da exagerada afirmação de Jung.

Ao lado da evolução libidinal, nesse período a agressividade contra o/a genitor/a do mesmo sexo – expressa por meio de rivalidade e desejos de morte – assume posição central, aliada à manifestação de traços sádicos e masoquistas relacionados a esses desejos. A isso aplica-se o mesmo princípio. A administração dos desejos de morte é talvez mais importante porque é essencial que o pai ou mãe se comporte de forma a apoiar a admiração e a confiança que o filho concomitantemente expressa e, assim, fomente as identificações que conduzirão à repressão e ao prosseguimento do desenvolvimento da criança.

A ADOLESCÊNCIA E DEPOIS

O afrouxamento das identificações e a crescente independência do adolescente colocam pressões sobre os pais e, mais uma vez, é posta à prova a durabilidade do casamento.

Os membros do casal devem idealmente apresentar combinação e igualdade e, assim, complementar-se mutuamente, mas essa nunca é a realidade. No começo deste capítulo, frisou-se a importância das semelhanças e diferenças na história dos pais. Muitas mudanças terão ocorrido ao longo da criação dos filhos, principalmente quando se entende que os próprios pais têm de mudar progressivamente, à medida que o amadurecimento prossegue.

Em condições favoráveis, a virilidade do pai será reforçada, como também a feminilidade da mãe. Todavia, isso só pode acontecer se projeções tiverem ocorrido concomitantemente. Numa personalidade madura, os aspectos do *self* se deintegram em estruturas arquetípicas que, no contexto familiar, definem-se como o arquétipo do filho, a *anima* do pai e o *animus* da mãe. Cada um desses arquétipos é um sistema de relação com os filhos e o sexo oposto. Como e até que ponto eles são projetados depende da maturidade do adulto. Quanto menos maduro, mais idealizado e onipotente será, exigindo maior trabalho dos conflitos para manter o casamento, pois as tendências mais infantis precisam ser elaboradas e resolvidas.

Há vários anos, Jung (OC XVII, parág. 332 e ss.) apresentou uma formulação útil. Ele enfatizou as desigualdades nas personalidades dos membros do casal: um pode ser mais complexo, diferenciado e dotado que o outro. Ele notou que o membro mais complexo do par era menos satisfeito pelo outro, que se contentava em ser fascinado e contido. Se essa disparidade não é trabalhada, fornece uma base para perturbações no casamento que derivam da pessoa mais complexa. Ele ou ela buscará alhures a satisfação que não obtém da/o mulher/marido. Uma tendência específica é a projeção da *anima* ou *animus*, o que leva a casos amorosos extraconjugais.

A formulação de Jung tende a deixar de lado o grau de maturidade dos indivíduos envolvidos, que – em termos do amadurecimento que se concebe neste livro – significa a estabilidade do mundo interior e, portanto, dos recursos interiores. Enquanto a complexidade e a riqueza de personalidade são um elemento, o outro é a capacidade de estabilidade e a utilização proveitosa das habilidades. Em outras palavras, a personalidade mais estável e complexa não precisa representar uma perturbação à família.

A freqüência com que um parceiro é parcialmente contido no outro é muito enfatizada pela adolescência e suas seqüelas, que darão maior relevo às diferenças. Os pais têm que valer-se cada vez mais um do outro, e sua relação vai deixando de ser biológica para tornar-se cada vez mais psicológica e pessoal. A mudança aumenta a necessidade de os pais retirarem projeções que podem haver funcionado perfeitamente até então e engloba alterações muito radicais de interesses libidinais. Talvez isso se aplique mais – porém nem sempre – à mãe que ao pai. Seja como for, representa um novo teste para seus recursos interiores e o desenvolvimento de habilidades, o que se exprime muitas vezes na dedicação da mãe a algum tipo de trabalho remunerado.

Contudo, embora a adolescência marque uma mudança na vida familiar, ela não é de forma alguma o seu fim. Os pais ainda são exigidos de vez em quando e, com o casamento dos filhos, se tornarão avós, o que mantém disponíveis as satisfações instintuais.

A adolescência, porém, põe fim à vida familiar íntima e contínua para dar início a um processo ao qual Jung deu particular atenção, por observar nele processos favorecedores de individuação especialmente poderosos. Ele estudou o período entre a meia-idade e a velhice, ao qual a individuação classicamente pertence. Certamente, a segunda metade da vida não havia merecido atenção suficiente quando ele escreveu e, para dar-lhe sentido, ele estava plenamente justificado ao praticamente restringir a ela a individuação. Porém os processos favorecedores de individuação – no sentido de desenvolvimento da consciência pela atenção aos recursos interiores e sua ativação, tornando assim as projeções flexíveis e passíveis de integração – são processos contínuos.

Até aqui a necessidade de maior individuação foi considerada em termos da necessidade dos pais de atingir uma compreensão mais realista das necessidades um do outro pela retirada de aspectos do *animus* e da *anima*. Além deles, porém, há o arquétipo da criança, que é uma representação mais completa do *self* (Cf. OC IX/1, parág. 259 e ss). À medida que a criança cresce, a remoção do grupo de estruturas e funções expresso nesse arquétipo provoca novos processos individuativos. As funções que se tornaram especializadas precisarão ser reavaliadas à luz das necessidades da personalidade como um todo. Por isso, a vida familiar pode ser entendida como um meio não só de satisfazer as necessidades biológicas (instintuais), mas também de concretizar processos individuativos nas personalidades dos pais. A adolescência dos filhos é uma época que testa até onde os pais foram capazes de usar a vida a dois para o amadurecimento de seus próprios *selves*, até onde eles conseguiram adaptar a paternidade e a maternidade às crescentes necessidades dos filhos e até onde eles conseguirão continuar a dar sentido às suas próprias vidas quando os laços familiares deixarem de ser o centro de seus investimentos libidinais.

8 O Contexto Social

O conceito junguiano de inconsciente coletivo tem sido usado para cobrir a soma dos arquétipos. Todavia, Jung o aplicava também – mais especificamente, seu aspecto sombrio não integrado – à estrutura da sociedade.

Como parte da vida grupal, a sociedade desenvolveu formas de representar o funcionamento arquetípico em mitos, práticas religiosas e em certas expressões da arte, da política e da lei. Em todos eles, os padrões arquetípicos são relativamente conscientes e contribuem para a formação de padrões culturais. Mas nenhuma sociedade representou todas as necessidades e aspirações de seus membros individualmente, e estas permanecem primitivas e largamente inconscientes. No conjunto, são elas que formam a sombra do grupo e abarcam o inconsciente coletivo.

Os arquétipos não representados não aparecem na vida social comum e, assim, a maioria não tem consciência deles. Porém, se o padrão cultural prevalecente for instável – e hoje em dia essa é a situação predominante –, os arquétipos inconscientes se ativam e tornam-se vagamente discerníveis no descontentamento social. Se sua importância for apreendida por um número suficiente de pessoas, eles podem levar à formação de grupos que advogam reformas sociais, mudanças religiosas, novas conquistas na arte e congêneres. Com o decorrer do tempo e se as circunstâncias forem favoráveis, os grupos crescem e as idéias que representam – sejam religiosas, políticas, intelectuais ou estéticas – são assimiladas pela comunidade, acarretando algum tipo de mudança do padrão cultural.

Jung estava particularmente interessado nos sonhos e fantasias individuais que expressassem mudança coletiva incipiente (Cf. OC X). Aliando-os à sua teoria e ao conhecimento da história das religiões que havia adquirido, ele inseriu os sonhos de seus pacientes em seu contexto mitológico. Suas refinadíssimas pesquisas o levaram a interpretar grandes tendências da civilização e a destacar os símbolos do *self* como indicadores de uma espécie de processo de individuação grupal que ocorre em nossa época (Cf. OC XI, parág. 553 e ss).

Suas pesquisas nunca foram suficientemente desenvolvidas por seus seguidores. No atual contexto, elas exigem investigação acerca da origem das representações coletivas na primeira infância e na infância; o presente capítulo dedica-se ao estudo das origens infantis.

Embora os bebês e as crianças pequenas possam participar e influenciar na formação de seu meio, é só na adolescência que as crianças estão suficientemente independentes para exercer algum impacto sobre a sociedade. Então seus conflitos de identidade se tornam dinamicamente agudos, enquanto elas lutam para encontrar seu lugar na sociedade. O aumento de sua muitas vezes perturbadora rebeldia decorre em parte de tendências em curso e, como tal, tem seu valor. Novas alianças estão se formando e, no processo, o garoto ou garota pode entrar em relação com a sombra da vida social e, assim, o comportamento ultrajante dos adolescentes muitas vezes se torna um escândalo. Nessa situação, a regressão é evidente e os padrões de relacionamento entre o bebê e a mãe são revividos, expressando-se em confusão e desorientação.

O elemento regressivo não é apenas negativo, como este relato pode sugerir, pois estabelece a continuidade da vida impessoal e, quando integrado, contribui para o estabelecimento dos sentimentos de identificação do adolescente no contexto social cada vez mais amplo em que ele se vai inserindo, ao mesmo tempo em que se afasta da família. O adolescente tem atrás de si um longo desenvolvimento que não desaparece simplesmente. É verdade que ele adquiriu experiência na escola, mas ela representa uma introdução apenas parcialmente adequada ao mundo mais amplo que lhe coloca tantas exigências impessoais. As origens da incontrolável turbulência da adolescência jazem, portanto, na primeira infância, quando a mãe e, posteriormente, outros membros da família constituíam a "sociedade" da criança; foi em relação a eles que o protótipo dos padrões posteriores de comportamento foi lançado.

Em todos os períodos iniciais da infância, os processos de amadurecimento pressionam a criança no sentido de afastá-la das implacáveis pulsões pré-pessoais e levá-la a formar percepções de si mesma e da mãe como uma pessoa por quem ela se preocupou. Na adolescência, as estruturas pré-pessoais revivem em reação às normas menos pessoais que se espera que ela cumpra. Portanto, as origens infantis são necessárias se a criança deve encontrar sua identidade em novos padrões de vida. As fantasias onipotentes resultam em ataques aos pais e à sociedade decorrentes das defesas maníacas da primeira infância, a fonte dos heróis e heroínas. Não são raros, de forma alguma, os episódios de depressão e despersonalização, bem como os processos histéricos e de cisão do ego, que muitas vezes constituem uma espécie de "insanidade normal". A implacabilidade desses estados é proverbial e quando predominam, o adolescente precisa mais de apoio e de uma espécie de abraço indireto, como a mãe faz com o bebê em crise, do que do controle direto da disciplina, que logo provoca mais rebeldia.

O adolescente entra em contato direto com o padrão cultural e o inconsciente coletivo. Desde bebê, mas de uma forma muito diferente, ele vem sendo influenciado indiretamente pela sociedade na qual sua família vive. Essa influência se exprime por meio das atitudes coletivas diante dos bebês e da primeira infância, dos métodos usados para cuidar dos filhos e nos preparativos introdutórios à educação formal. Então, ele não lidou diretamente com eles como o faz agora e o fará na vida adulta, mas o resultado dependerá em boa parte da relação com as primeiras influências e do comportamento que se espera que ele demonstre agora.

Os costumes prevalecentes em relação ao nascimento e aos cuidados do recém-nascido não foram determinados por suas necessidades nem pelas de seus pais. Pensava-se que a relação entre os pais deveria ser interrompida pelo nascimento do bebê: a mulher ia para o hospital, do qual o marido era excluído, a não ser como visitante após o nascimento, ou, quando o parto era feito em casa, o médico e a parteira cuidavam de tudo, interpondo-se entre a puérpera e o marido. Um costume muito difundido consistia em separar o bebê da mãe logo após o nascimento, limpá-lo e pô-lo num berço; só após um período de separação ele era levado de volta para ser amamentado e, logo em seguida, era novamente removido. Assim, a adaptação intra-uterina à vida aquática era abruptamente interrompida – não só pelo nascimento, mas nesse caso, pelo costume. As substâncias que protegem a pele eram removidas com água e a relação com a mãe, interrompida justamente quando uma compreensão mais empática do bebê a consideraria indesejável.

Da mesma forma, a amamentação é em boa parte controlada pelo costume. As técnicas mais comuns de amamentação, os métodos mais difundidos de retirada e conservação do leite e as táticas para induzir o hábito baseiam-se mais no costume que no conhecimento do tipo de cuidado que requer um bebê. Vários outros exemplos podem ser observados no dia-a-dia.

Todavia, a significação desses costumes não pode ser facilmente apreendida porque eles são amplamente aceitos sem muita – ou nenhuma – reflexão e estão demasiado próximos a nós para que os vejamos em perspectiva. Já que nas sociedades primitivas os costumes são menos iminentes e menos carregados de afeto potencial, os estudos realizados nelas por antropólogos sociais mostram mais claramente como os costumes relativos ao cuidado dos bebês se relacionam à cultura em que ele um dia viverá. Esses estudos são realizados em sociedades relativamente pequenas e mais previsíveis que as grandes sociedades ocidentais, as quais, de todo modo, abarcam uma grande variedade de subculturas.

Os estudos comparativos mostram claramente que costumes radicalmente diferentes podem ter sucesso. Outras culturas dão importância muito maior à utilidade do pai do que a nossa, permitindo que ele participe do nascimento. No que se refere ao bebê, às vezes eles são amamentados inicialmente por uma ama-de-leite, pois o colostro é considerado nocivo para ele; em outras, a mãe pode encarregar-se dele sozinha, amamentando-o, não pelo breve período atualmente considerado aconselhável na nossa sociedade, mas até os 3 anos. Durante esse tempo, o marido pode ser parcialmente excluído como parceiro sexual, pois espera-se que a mulher invista toda a sua libido no bebê.

Uma característica que sobressai em todas essas pesquisas é que os diversos métodos de cuidar dos bebês estão intimamente relacionados ao comportamento que será exigido depois da criança, do adolescente e do adulto na sociedade.

Aplicando essa idéia à nossa própria cultura, a mudança revolucionária que hoje começa a emergir no cuidado dos bebês e na criação dos filhos deve ser socialmente significativa. Com efeito, se antes a mãe e depois outros membros adultos da família ocupavam o centro do palco familiar, hoje a satisfação das necessidades de desenvolvimento do bebê estão ganhando cada vez mais importância. Ao mesmo tempo, novas atitudes e métodos educacionais que diminuem a importância da disciplina e buscam atender às necessidades de desenvolvimento das crianças vêm sendo introduzidos. Às vezes as mudanças são provocadas pelo conhecimento científico, mas nem sempre. É bem mais provável que elas sejam parte integrante da idealização da democracia. Como se supõe que esta exija maior senso de responsabilidade individual, acredita-se que seja aconselhável fomentá-lo o mais cedo possível. Por conseguinte, perguntar o que um bebê precisa receber da mãe para desenvolver-se – e não como fazê-lo conformar-se a exigências específicas – reveste-se de importância extra.

É bem verdade que essa atitude relativamente nova não provém de reflexões sociológicas. Ela decorre da investigação da psicopatologia dos pacientes e da descoberta das causas das doenças mentais. Não obstante, a amplitude e a profundidade das novas idéias e técnicas referentes ao cuidado dos bebês merecem consideração. Elas nos fazem pensar que, se soubermos as condições nas quais os bebês, as crianças e os adultos permanecem saudáveis, a aplicação desse saber cortará caminho por entre antigos padrões culturais de comportamento. Estes precisam ser mudados para que a mãe venha a receber o apoio que lhe possibilitará empregar técnicas como a da amamentação do bebê sempre que este tiver vontade ou o pai possa participar da gravidez, do parto e do cuidado do bebê. Em outras palavras, não é só o conhecimento acerca do bem-estar do bebê que é necessário, mesmo à prevenção da doença mental, mas também o conhecimento pessoal e social. Às vezes há forte resistência a mudanças de atitude necessárias, mas que parecem revolucionárias à saúde mental do bebê. De fato, essa resistência pode impossibilitar a implementação daquilo que é claramente indicado em determinados casos.

A pergunta complementar a fazer em seguida é: que capacidade interior tem a criança – um bebê não tem nenhuma – de atender a padrões coletivos de comportamento? Quando é que ela começa a se relacionar diretamente com o padrão cultural, a sua sombra – o inconsciente coletivo – e com o fluxo histórico que está por trás de cada um? É óbvio que a criança não está imersa neles desde o início, muito pelo contrário: ela cresce em direção a eles e só pode confrontá-los diretamente na adolescência.

Jung frisou especialmente a independência objetiva do inconsciente coletivo em relação ao ego. Para ele, o inconsciente se expressava em formas da imaginação criadora que assumem caráter de objetividade. De imediato, ocorre-me uma analogia com muitas fantasias e declarações infantis. Quando uma criança afirma que tem um irmão ou irmã que na verdade não existe, ela pode desenvolver sua fantasia como se fosse objetiva e senti-la como verdadeira. Durante uma tempestade, essa criança pode dizer: "Ele está zangado". Quando lhe dão uma explicação simples e racional do fenômeno, ela espera que terminem e então reafirma: "Tem gente lá em cima e ele está zangado". Tais comunicados, que os adultos consideram pensamento subjetivo ou mágico, ainda são vivenciados pela criança como objetivos, pois derivam de um nível no qual sua fonte interior subjetiva não se diferencia das realidades exteriores. Tais ocorrências são comuns na primeira infância e foram detalhadas no estudo das primeiras relações objetais. No Capítulo 6, viu-se que a idade provável em que o bebê pode vivenciar à mãe e a si mesmo como pessoas totais com algum grau de estabilidade está em torno dos sete meses. Por volta dessa idade, a vida pessoal do bebê começa; antes disso, predominam os objetos parciais. Então o ego não se desenvolveu o suficiente para que haja representação de uma pessoa total; não pode haver sujeito e objeto no sentido que essas palavras posteriormente terão; e há muita vivência de fusão e união entre eles. Portanto, todas as experiências anteriores aos sete meses são pré-pessoais e objetivas, e a unidade entre sujeito e objeto, bem como sua fusão, também são relevantes porque no inconsciente coletivo a fusão entre indivíduos é requisito essencial. Sem ela, não haveria inconsciente coletivo nem psicologia de massas.

Por conseguinte, é de esperar que as raízes primordiais dos elementos impessoais que evoluem para o inconsciente coletivo na vida adulta estejam nesse período inicial; é necessário supor que os implacáveis objetos parciais pré-pessoais persistam e se desenvolvam no sentido de criar um ambiente não humano. É durante esse período, bem no início da vida, que se formam os objeto transicionais.

Winnicott afirmava que eles estão na origem da vida cultural porque são intermediários entre o mundo interior e os objetos reais do mundo exterior. Ele definiu uma série de estágios no desenvolvimento dos fenômenos transicionais – eles adquirem significado e textura; demonstram vitalidade e têm realidade própria; posteriormente se tornam pensamentos, fantasias e, pode-se acrescentar, sonhos por meio de um processo de difusão. Quando esse processo atinge o ponto necessário, os objetos originais são "relegados ao limbo". Por conseguinte, pode-se conjeturar que os fenômenos transicionais constituam uma raiz ontogenética da "psique objetiva": eles têm natureza arquetípica e, assim, contribuem de modo essencial para a experiência artística, religiosa e outros tipos de experiência espiritual. Embora essa tese ainda não esteja inteiramente definida, dados de várias fontes se vêm acumulando para confirmar a idéia de Winnicott. Alguns são fornecidos no capítulo dedicado ao brincar (Cf. p. 24 e ss. acima), e o leitor talvez deseje especular se as imagens numinosas do capítulo sobre sonhos (acima, p. 41 e ss.), como também a pintura da orelha deste livro, não serão derivadas de fenômenos transicionais. Por mais atraente que pareça a idéia, mais uma vez, não creio que sua generalização possa ser corroborada: os objetos transicionais não são suficientemente comuns no desenvolvimento do bebê e da criança.

A obra *Children and their Religion*, de Lewis (1962), contém material muito relevante, especialmente acerca da interação entre a criança e o ambiente religioso em que vive. A autora estudou os elementos objetivos das brincadeiras e fantasias infantis relacionados a ensinamentos religiosos, que poderiam ser aprofundados ou desestimulados, de acordo com o modo e a época em que foram transmitidos. Além disso, ela fez um interessante estudo sobre a atividade grupal, no qual mostra como a fantasia objetiva representa um fator de manutenção da coesão do grupo. As crianças formavam gangues, por assim dizer, em torno desses símbolos cuja significação morria quando o objetivo pelo qual o grupo aparentemente se formara deixava de operar.

A persistência da natureza objetiva dos objetos é mantida e seu desenvolvimento facilitado por regressões periódicas. Assim, há um lugar positivo para a regressão que assegura que as tendências de personalização em curso não dissociem a personalidade de modos de reação anteriores e mais primitivos, necessários à adaptação social.

Na primeira infância é fácil o acesso ao não-ego, mas depois, à medida que o ego se fortalece e as representações do *self* ficam mais estabilizadas, constroem-se sistemas de defesa e só é possível entrar em contato com elas por meio de regressão controlada. Nos períodos de crise – freqüentes no bebê, agudos no adolescente – e nas crises da segunda metade da vida estudadas por Jung, a regressão é necessária para a manutenção da continuidade do ser. Nesse processo, ao mesmo tempo atinge-se uma seqüência deintegrativo-integrativa que cria as condições para a mudança contínua.

Por meio da consideração da psicodinâmica infantil inicial, tornou-se possível entender como as partes da psique se separam para formar um não-ego relativamente permanente, composto de objetos impessoais, e entender ainda como eles podem ser acessíveis à consciência quando necessário. Existe ainda uma outra situação que precisa ser avaliada. Durante o amadurecimento, a ansiedade do bebê diante de suas pulsões agressivas é especialmente significativa. Os objetos agressivos tendem a ser excluídos do corpo principal do *self* devido à necessidade do bebê de formar representações do *self* sentidas como boas. Os objetos maus são não apenas expulsos mas também isolados do integrado do *self*. Esses objetos maus projetados, a princípio sentidos como partes do próprio corpo ou do da mãe, são progressivamente deslocados para um objeto não-humano. A observação de bebês, as reconstruções e os primeiros sonhos infantis confirmam que esse modo de administrar objetos maus é comum. Provavelmente é a estreita relação entre as formas pré-pessoais e, posteriormente, impessoais e as pulsões agressivas e destrutivas o que deu origem à crença de que os conteúdos arquetípicos são perniciosos às crianças. Como se viu no Capítulo 3, são comuns entre as crianças pequenas os sonhos de ansiedade com animais que mordem e atacam. Além disso, no princípio, registram-se representações não-pessoais em sonhos, especialmente com fogo e água.

Todavia, segundo a concepção de Jung, o inconsciente coletivo contém não apenas componentes perigosos e destrutivos, mas também elementos bons e potencialmente criativos. Conhece-se então algum mecanismo pelo qual os objetos bons possam ser expulsos e mantidos isolados do processo individuativo na infância? A resposta é fácil: os objetos bons são idealizados e mantidos isolados da representação pessoal do *self* quando o mundo interior é percebido como avassaladoramente perigoso e quando os processos destrutivos parecem ameaçar os objetos bons do bebê. A fim de protegê-los, ele os projeta na mãe, idealizados, tornados onipotentes e, assim, preservados. Como se verá posteriormente, os sonhos das crianças pequenas refletem essa situação, pois neles as mães, com pouquíssimas exceções, assumem papel exclusivamente bom e providencial, às vezes em completa dissidência da realidade.

Pelo estudo de crianças esquizofrênicas podem-se coletar as mais interessantes informações acerca da persistência de processos pré-pessoais de idealização, projeção e introjeção. Quando essas crianças vêm à análise, os estados iniciais já estão consideravelmente modificados por processos de amadurecimento e distorcidos por situações traumáticas muito precoces. Por conseguinte, as fantasias dessas crianças não fornecem informações diretas sobre a primeira infância em si. Mas, estudadas em conexão com o histórico do desenvolvimento da criança, elas dão claras pistas de quando a parada no amadurecimento começou e o que em seu comportamento é derivado disso. De especial significação aqui é a proliferação de representações não-pessoais do *self* que podem facilmente dar lugar à idéia de que o inconsciente coletivo na infância é insondável ou ilimitado.

Alan, um garoto esquizofrênico de 6 anos de idade, conhecia o significado e o emprego dado pelos adultos à água, ou seja, ele sabia que ela é usada para beber, lavar etc. Mas a água também representava a urina dos bebês, que eles percebem como inundações; isso era como a chuva, que era Deus urinando. A urina poderia ser boa, ser bebida e fazer bem, ou ser má e cheia de germes venenosos que matam. Assim, Deus poderia ser bom ou mau. Na medida em que a água e a urina poderiam causar uma inundação, poderiam afogar e matar a ele e a seus pais. Por outro lado, graças a essa propriedade, dentro dele a água tornava-se perigosa e, nas crises emocionais, era liberada por meio da incontinência urinária. Deus inundava o mundo, como os bebês imaginam que podem inundar a mãe e, assim, como ele podia sentir-se como um bebê, Deus estava tanto dentro quanto fora dele.

Ele usava a água para fazer o maior mar do mundo – "maior que o Tâmisa e que o oceano Atlântico"; inúmeras fantasias a respeito foram encenadas. A água era suave e plástica, portanto era a mãe que ele acariciava e afagava; era o leite materno que ele bebia e se tornava um oceano dentro dele; ele sugava no seio da água para ter dentro de si o que chamava um "peitinho de mãezinha", que podia alimentar bebês sem-fim e restabelecer pais danificados. Mas era também o leite do pai que estava em seus genitais, que criava bebês e era sugado ou expelido para dentro da mãe e dele mesmo para alimentar e dar prazer. Quando sentia que sua destrutividade havia criado um deserto dentro da mãe, do pai ou dele mesmo, a água redimia a situação sob a forma de chuva ou rio (de lágrimas). A água numa bacia representava as entranhas das pessoas. Teria que haver objetos flutuando; poderiam pular para dentro e para fora e, acima de tudo, ser vistos.

Todos esses significados atribuídos à água foram expressos verbalmente por ele e se faziam acompanhar de atividades conformes, com pistolas de água, brinquedos, uma bacia e uma bandeja cheias de água. Seria difícil, praticamente impossível, de qualquer forma, transmitir em poucas linhas a mistura de engenho criativo e simplicidade ingênua e direta que produzia a brincadeira e a fantasia de Alan. A observação direta da evolução passo a passo da gama de afetos aliada à mistura de metáforas simbólicas e raciocínio lógico era impressionante – não assim como acabo de fazer, juntando os temas essenciais para a exposição, mas no contexto de sua relação com os irmãos (um dos quais era bebê), os pais, as aulas de religião – nas quais ficava muito atento e uma vez criou uma comoção ao contestar a doutrina de que Deus era bom – e comigo. A despeito da funda impressão provocada, a proliferação de imagens era essencialmente defensiva contra ansiedades intensas. Sua análise minuciosa levou às origens da cisão e dos processos de reconstrução defensiva, à situação traumática primordial, verificada entre a mãe e ele quando ainda bebê, e à cena primal, que assumia proporções aterrorizantes.

Em decorrência da análise, a fantasia tornou-se administrável, e ele pôde deixar de ser absolutamente cruel e passar a demonstrar interesse pelos outros. Além disso, houve um aumento da simbolização e da capacidade de utilização de seus bons dotes intelectuais.

Esse exemplo foi escolhido por outra razão, além da de indicar como as imagens impessoais coletivas se desenvolvem sob a pressão de pulsões implacáveis: ele está relacionado às pesquisas que Jung fez sobre a alquimia. A água é uma imagem amplamente usada pelos alquimistas como símbolo da *materia prima* e da pedra que a penetrante análise do mestre demonstrou ser um símbolo do *self*. Será que vamos longe demais ao sugerir que, se esse garoto tivesse crescido na época em que a alquimia floresceu e tivesse entrado em contato com os alquimistas, poderia haver-se tornado também um alquimista? Naturalmente, ele precisaria recuperar-se primeiro de sua esquizofrenia infantil. Isso não está, de forma alguma, fora das raias da possibilidade e de fato aconteceu com ajuda da análise.

Uma característica da mudança verificada nessa criança é que a proliferação de imagens passou de compulsiva e concreta a maleável e simbólica. A mudança foi gradual e dependia da compreensão e administração das pulsões predominantemente destrutivas e da associação das fantasias aos objetos e situações das quais derivavam.

Muita atenção se deu a essa mudança, conhecida entre os analistas junguianos como a mudança da concretização à simbolização na formação de representações coletivas arquetípicas e do *self*. No Capítulo 6, postulou-se que a verdadeira simbolização era atingida na seqüência deintegrativo-integrativa chamada por Klein de posição depressiva. No Capítulo 10, maior atenção será devotada a esse tópico.

9 A Psicoterapia Analítica

O MÉTODO ANALÍTICO

Análise significa elucidação de estruturas complexas e sua redução aos componentes mais simples, aos elementos irredutíveis. Na prática, implica a escuta e a observação do paciente para descobrir que estruturas complexas lhe causam ansiedade e requerem intervenção para alívio do sofrimento ou, se isso for impossível, ao menos para compreendê-las.

O analista pode fazer diversos tipos de intervenção. Antes de mais nada, ele visa elucidar a situação no aqui e agora. Porém, como muito do que se esclarece não se aplica à situação presente, ou seja, é fruto de transferência de outra situação, é preciso explicar o que está ocorrendo. Os dados então são interpretados à luz de suas origens na situação familiar presente ou passada ou no mundo interior.

Para serem eficazes, os procedimentos analíticos devem ser usados tendo em vista o paciente: assim, a oportunidade e a gradação das revelações apresentadas são importantes e o analista junguiano deve usar de tato e empatia, bem como de seu saber, em tudo o que faz.

No processo de realização de interpretações analíticas, exigem-se necessariamente processos sintéticos. A associação de elementos inconscientes e conscientes implica mudar defesas para que possam ter lugar novas e benéficas combinações. Quando isso ocorre, o analista será levado a mostrar ao paciente o que aconteceu e a intervir verbalmente dessa e de outras formas que não são analíticas. Como qualquer tratamento compreende algo mais que a "análise" pura e simples, o termo "psicoterapia analítica" é mais apropriado.

Jung classificou como analítico-redutivas e sintéticas suas técnicas de tratamento. Pode-se levantar objeção a essa divisão com base na alegação de que ambos os processos se verificam de qualquer modo no paciente. Porém isso seria ignorar que uma técnica representa apenas a atitude e o método do terapeuta diante do material do paciente.

Na terapia infantil a atitude analítica é a mais adequada porque os processos sintéticos estão em intensa atividade. São eles: primeiro, a satisfação em desenvolver novas habilidades físicas e emocionais; segundo, a premência absoluta do crescimento, com base na reduzida estatura física e nos prazeres reais e imaginários gozados pelos adultos em razão de seu tamanho; terceiro, os próprios processos inconscientes de amadurecimento. Por tudo isso, no que tange à criança, é melhor visar à análise elucidativa e propiciar condições para a entrada espontânea em operação dos processos sintéticos.

Transferência
O evento mais importante e valioso do ponto de vista terapêutico é o desenvolvimento da transferência, na qual o paciente faz projeções no analista. As projeções criam uma situação dinâmica que garante que a análise se torne um procedimento tanto afetivo quanto intelectual.

Devido à transferência, é necessário que o analista tenha sido treinado, submetendo-se ele mesmo a uma análise, de forma que possa estabelecer mais facilmente a empatia com o paciente. Mas há ainda outra razão para a inclusão da análise no treinamento dos analistas junguianos: a projeção transferencial do paciente tende a provocar uma contraprojeção, apropriadamente chamada de contratransferência, que a princípio foi vista sob uma luz negativa. Com efeito, foi uma freqüente fonte de representação e administração errôneas dos pacientes nos primórdios da prática psicoterapêutica. A análise de treinamento é o melhor método para tornar a contratransferência administrável e convertê-la num indicador confiável da transferência do paciente, que, como demonstram recentes pesquisas, é o que ela pode se tornar nas mãos de um profissional hábil.

Muito já se discutiu a relação entre a contratransferência e a empatia, que às vezes são de difícil distinção, principalmente no caso de pacientes regressivos, que podem ser absolutamente incapazes de análise e precisar do analista algo mais próximo da preocupação materna primária. Numa situação assim, a análise pode ocupar lugar secundário em relação ao cuidado da criança. A entrada nessa difícil questão – que ainda está à espera de esclarecimento – está fora da alçada deste capítulo. Porém o caso de Billy, adiante descrito, ilustra como o cuidado físico pode ser necessário durante a regressão, mesmo que os métodos interpretativos continuem a manter sua utilidade.

TÉCNICAS ESPECIAIS DA TERAPIA INFANTIL

O esboço introdutório acima apresentado sugere que o núcleo da análise junguiana aplica-se tanto a adultos quanto a crianças. Porém há técnicas específicas da terapia infantil que exigem consideração. Elas derivam das dimensões da criança, de sua incapacidade de produzir associações verbais e de sua dependência dos pais.

1. A criança é levada a uma clínica ou consultório psicológico pelos pais e, assim, talvez não esteja participando de bom grado da iniciativa. Com efeito, isso pode apresentar sérias dificuldades, principalmente se a hostilidade da criança pelo analista for mobilizada. Todavia, salvo situações especiais, o fato de a criança ser levada é uma expressão de sua incapacidade de transportar-se.

2. Em segundo lugar, os sintomas de que os pais se queixam não são necessariamente os mesmos para os quais a criança sente precisar ajuda. A criança que está em conflito intenso com os pais pode, inclusive, recusar qualquer tipo de ajuda – em geral, isso se aplica quando se trata de transtornos de comportamento e delinqüência. Por outro lado, as crianças desenvolvem ansiedade exatamente como os adultos e, como eles, também podem querer livrar-se dela – isso se aplica à dor física, à depressão e aos sintomas físicos aflitivos. Assim, há uma ampla gama de sintomas de sofrimento que podem levar uma criança a desejar claramente ser ajudada no mesmo sentido que usariam seus pais.

3. O sofrimento infantil está intimamente ligada às ansiedades dos pais e, com efeito, sua causa pode muitas vezes estar mais neles que na própria criança. Essa situação é essencialmente uma questão de diagnóstico e de disponibilização de ajuda para os pais que precisarem. Por isso, o terapeuta infantil pode precisar trabalhar em conjunto com um terapeuta de adultos a quem os pais possam ser encaminhados, se suas ansiedades forem demasiadas e eles demonstrarem querer tratamento para si.

4. Um problema mais importante surge da reduzida capacidade de associações verbais da criança. Contudo o brincar pode substituí-las, de

forma um tanto distinta, na indicação de pistas de processos inconscientes em curso. Naturalmente, a sala de tratamento deve ser concebida de modo a permitir maior liberdade de movimentos.

Por todas essas razões, a análise junguiana infantil é uma técnica que exige treinamento especial. A perícia que o analista infantil deve atingir centra-se em: dar início à terapia, já que isso requer a elaboração de um diagnóstico da família, utilizar técnicas lúdicas e estar permanentemente atento às ocasiões em que os pais precisarem de ajuda.

Iniciando a terapia: diagnóstico preliminar
Quando uma criança é levada a uma clínica ou consultório, ela geralmente faz uma idéia da razão, mesmo que não lhe tenham dito qual era. Assim, a idéia que ela faz da entrevista pode ser expressa de forma diferente ou variar em relação à dos pais. Havendo determinado com os pais a razão imediata para o encaminhamento do filho, o analista poderá ver a criança a sós uma ou duas vezes para que, ao voltar a discutir o problema com os pais, já tenha formado uma impressão própria da criança e adquirido alguma indicação de sua motivação. Às vezes a criança se recusa a entrar na sala de terapia, e isso terá de ser permitido, pelo menos no início.

Após essas entrevistas, a mãe ou ambos os pais são entrevistados. Eles poderão ser chamados outra ou mais vezes; na verdade, tantas quantas forem necessárias. Essas entrevistas destinam-se à apresentação não só das informações que eles precisam fornecer, mas também daquelas que o analista julgar necessário obter, a partir do conhecimento adquirido em suas entrevistas com a criança. Mas há ainda outra consideração mais importante: o grau de transferência que os pais introduzem no tratamento e o grau de probabilidade de desenvolvimento de uma aliança de tratamento. É importante que o analista saliente que sua função não é interferir na vida familiar e que ouvirá a opinião dos pais. Por isso, é preciso deixar claro que a comunicação precisa ser mantida e que o analista estará disponível por telefone quando isso for necessário. Também é uma boa idéia deixar combinadas reuniões mais regulares quando o analista sair de férias. Dessa forma, o analista infantil assume total responsabilidade pelo tratamento – não creio que os pais devam ser automaticamente encaminhados a outro terapeuta se precisarem de ajuda extra.

Nessas entrevistas preliminares, algumas informações indiretas muito importantes terão sido obtidas. Por exemplo, é inútil sugerir tratamento para uma criança se não estiver bem claro que os pais estão prontos e dispostos a aceitá-lo e cooperar. Muitas vezes eles não estão motivados para a terapia, e isso pode ficar evidente já na primeira entrevista, na maneira como formulam o desejo de contar com ajuda em sua lida com o filho. Enquanto essa situação perdurar, qualquer tratamento para essa criança deve ser abordado com muita cautela, pois é extremamente importante não solapar a sensação de responsabilidade dos pais perante o filho. Só quando eles, enquanto pais, chegam ao fim de sua capacidade em determinados aspectos e decidem que o filho necessita uma espécie de ajuda que eles não podem dar é que o caminho se abre para o tratamento analítico. Em tais casos, eles podem haver explicado isso ao filho e, assim, a criança pode já estar consciente dessa necessidade antes da entrevista. Essa situação não é tão rara quanto se pensa e encontra melhor exemplo entre pais que tenham sido analisados.

Outra situação ocorre quando os pais trazem consigo o filho sem compreender que são eles que precisam de ajuda em seus próprios conflitos pessoais ou interpessoais. A criança se tornou o veículo deles e, por isso, a terapia para ela não é indicada – ela só precisa que os pais saiam de cima de suas costas e parem de transformá-la num bode expiatório para suas próprias ansiedades.

Deixando de lado as situações familiares extremamente deterioradas, em que não há nada a fazer senão remover a criança do lar, esses são os principais problemas de diagnóstico cujas implicações precisam ser examinadas previamente.

Diagnóstico da condição da criança
A compreensão da situação familiar deve ocorrer paralelamente à investigação do estado da criança e sua relação com a maneira como os pais lidam com ele. Para isso, as classificações diagnósticas da psiquiatria infantil são úteis, mas insuficientes. Determinar se uma criança é autista, esquizofrênica, retardada mental, histérica, obsessiva ou fóbica, se sofre de um estado de ansiedade ou de um transtorno de comportamento, indica que a situação conflituosa foi incorporada ao *self*. Para compreender sua significação, é necessário conhecer as origens e a estrutura do transtorno. A observação e a elaboração de um histórico são muitas vezes, mas

nem sempre, reveladoras. Para aprofundar essa compreensão, talvez seja preciso lidar com as ansiedades dos pais: um diagnóstico não pode ser feito sem que se constitua uma aliança terapêutica entre o analista, a criança e os pais. Por conseguinte, as interpretações e outras intervenções são úteis desde o início, pois terapia e diagnóstico não podem ser inteiramente separados. Com efeito, num certo sentido, os detalhes do diagnóstico não podem ser obtidos senão no fim da análise.

Todavia, boas indicações de onde reside a fonte do conflito podem ser suscitadas logo no início. Aqui o conceito da real situação é útil. Não basta descobrir que no passado houve situações críticas; é preciso definir também se elas estão ativas no presente ou não. O termo "presente real" foi usado por Jung (Cf. OC IV, parág. 373 e ss.) para referência a esse amálgama de presente e passado, bem como a possibilidade de mudança no futuro. Para ilustrar o que esse conceito quer dizer, suponhamos que uma criança dotada se encontre em estado regressivo devido a situações traumáticas na primeira infância e suponhamos que a mãe não tenha muito jeito com bebês ou crianças pequenas, mas possa relacionar-se com uma criança que tenha condições de comunicar-se verbalmente ou brincar e imaginar inventivamente. Se o filho conseguir, com ajuda da análise, sair da regressão, poderá estabelecer-se um relacionamento contínuo, e as perspectivas para o futuro são boas. O presente real aqui contém uma criança perturbada cujo trauma pode ser tratado e uma mãe que pode adaptar-se a uma criança saudável da sua idade.

Administração da patologia pai/mãe-filho
A situação que acabamos de descrever é favorável. Houve uma situação traumática prévia na vida da criança – pode ter sido uma doença num momento infeliz, quando os conflitos familiares se mostravam destrutivos –, mas os pais estarão prontos a aceitá-la depois que ela elaborar essa situação já superada. Porém há distúrbios de amadurecimento com causas menos simples, principalmente aqueles nos quais a condição traumática não esteja localizada no tempo, mas seja contínua devido à persistência no presente de certas atitudes dos pais. Embora haja a possibilidade de um filho influir sobre os pais, ou de comportar-se tão diferentemente que já não absorva a psicopatologia deles e embora os pais às vezes mudem por causa da transferência que fazem com o terapeuta quando o filho está sendo tratado, não se pode contar de antemão

com nada disso. E quando nenhuma dessas possibilidades se concretiza, é muito difícil ou impossível para a criança desenvolver-se, pois encontrará em seu cotidiano sempre as mesmas situações que deram origem à sua neurose. A significação das neuroses persistentes nos pais varia conforme a criança, a faixa etária e a família, mas, de modo geral, no período pré-adolescente, a mudança concomitante dos pais é aconselhável e às vezes necessária, caso se queira dar prosseguimento à terapia. Por isso, o terapeuta infantil precisa descobrir o que na atitude dos pais é que está obstruindo o amadurecimento e, se possível, colocá-lo em evidência, fornecendo ajuda tanto para eles quanto para o filho, quando esses pais tiverem condições de fazer uso dessa ajuda. Muitos pais agem melhor quando não induzidos a uma terapia para a qual não têm motivação. O fato de uma mãe estar doente e saber disso pode representar uma indicação de análise para ela. Porém, a despeito disso, ela pode saber que o filho precisa de terapia e não colocar sua própria necessidade antes da dele, motivando-se a buscar ajuda para si só depois que a terapia do filho tiver começado e o problema que o aflige estiver sendo efetivamente tratado. Além disso, em alguns poucos casos, a mãe só o fará depois que o filho se recuperar.

Técnicas lúdicas

Para tratar uma criança são necessários brinquedos e uma sala especial. Essa sala deve ser projetada de forma a permitir qualquer tipo de brincadeira, inclusive as que implicam derramar água no chão e tinta nas paredes. Por conseguinte, teto, piso e paredes devem ser resistentes. A mobília normalmente consiste em divã, mesa e cadeiras (infantis para crianças pequenas) um tapete e uma almofada também são providenciadas como em uma mobília familiar comum. Para manter a relação no nível pessoal, o terapeuta deve guardar os brinquedos numa caixa que possa ser trancada, de forma que a criança perceba que os brinquedos pertencem ao terapeuta e destinam-se a uso único e exclusivo durante as sessões.

Seja no tratamento analítico ou fora dele, o brincar é parte essencial da vida de uma criança. Embora se saiba disso há muito, ela não era considerada elemento tão importante no tratamento infantil até o momento em que Melanie Klein usou brinquedos e brincadeiras para dar início à psicanálise de crianças. Posteriormente, Margaret Lowenfeld criou um método de compreensão dos conflitos infantis que pressupõe que a criança escolha alguns brinquedos de um grande grupo preestabelecido. Além disso, está presente uma pequena caixa com areia, na qual os brinquedos podem ser usados como a criança prefira. O resultado, geralmente esclarecedor, costuma exibir configurações arquetípicas. Isso levou uma terapeuta junguiana, Dora Kalff, a usar o método para fins terapêuticos, empregando por vezes uma centena de brinquedos. A partir daí, inúmeros terapeutas junguianos no mundo todo, fascinados com os resultados, passaram então a considerar com seriedade a terapia infantil.

Eu, por exemplo, por certo tempo adotei a caixa com areia e muitos brinquedos, mas acabei por descartá-los. Minhas razões para tal foram as seguintes: embora eu acreditasse que o método poderia ser terapêutico – como o é, de qualquer forma, a provisão suficiente de brinquedos –, cheguei à conclusão de que exibir tantos provavelmente gerava confusão e dificultava as manifestações de transferência. Além disso, as crianças vindas de famílias abastadas estavam acostumadas a ter muitos brinquedos, a maioria dos quais descartada havia muito. Apenas os que tinham ou haviam tido significação para elas por um período maior ou menor eram usados, portanto não havia razão para apresentar-lhes muitos. (É bem importante saber quais os brinquedos que mais despertam o interesse das crianças em geral num determinado momento.) As crianças de famílias materialmente menos favorecidas podem ficar demasiado impressionadas com a quantidade, e isso pode reduzir sua criatividade no uso dos brinquedos. A outra desvantagem é que a disponibilidade de água para as brincadeiras possibilita a mistura com a areia – jogada pela sala, essa "massa" cria um caos.

É interessante que Lowenfeld tenha pensado que a ausência de transferência, no caso de seus terapeutas, se devia ao fato de a caixa de areia conter libido que, do contrário, seria investida na formação de uma transferência pessoal. Essa foi também a minha própria impressão.

Por fim, decidi-me por um conjunto básico de brinquedos: alguns de pequenas dimensões, que representassem a família – mãe, pai e irmão/irmã; um animal ou bebê macio; alguns animais selvagens e domésticos e cercas suficientes para criar um espaço onde pudessem ser colocados; alguns carrinhos ou veículos semelhantes e uma pistola de brinquedo; alguns brinquedos empilháveis do tipo Lego; argila ou alguma outra massa de modelar que não se fixe excessivamente à mobília ou ao piso; papel, giz de cera colorido, lápis e borracha (pode-se usar tinta, mas a desvantagem é que pode derramar); barbante e uma tesoura; água (numa jarra ou, melhor ainda, numa pia que permita escoamento mais rápido que o fluxo da torneira). Além disso, um pequeno recipiente e alguns barquinhos, embora qualquer brinquedo que flutue sirva.

Essa lista é, até certo ponto, pessoal, podendo variar conforme o analista.

A esse conjunto podem ser acrescentados outros brinquedos pelos quais uma determinada criança tenha predileção. Ou, então, a criança poderá levar seus próprios brinquedos para a sessão, se tiver vontade. Desse modo, a tendência das crianças a confundir questões por meio de uma atividade difusa se reduz, essa defesa específica é colocada em destaque, e as ansiedades subjacentes são mais facilmente trazidas à tona.

No curso da brincadeira, a criança pode querer usar a mobília da sala. Quando os movimentos forem demasiado bruscos, será necessário exercer algum controle. O controle, além disso, às vezes precisa ser exercido quando a criança usa o corpo do terapeuta, que pode ser tratado com carinho ou atacado de modo potencialmente destrutivo.

A questão da definição do ponto até o qual o terapeuta pode deixar que seu corpo seja usado varia. Anteriormente descrevi uma situação em que uma criança me pintou o rosto e o uso subseqüente que lhe dei. O relato tinha tanto interesse que não pude evitá-lo. Porém, graças em parte a uma melhor compreensão e em parte à minha recusa em permiti-lo, tais incidentes se tornaram raros. Nesse sentido, fatores como o tipo de roupa usado e o cuidado na manutenção da sala o mais limpa e atraente possível são importantes.

Tendo em vista a existência de instalações adequadas à realização de brincadeiras e a finalização das investigações preliminares, pode-se concluir que houve o estabelecimento de uma aliança terapêutica boa o bastante entre o analista, a criança e os pais e que o transtorno da criança foi situado satisfatoriamente para assegurar o prosseguimento da terapia analítica. Por sua própria individualidade, a descrição e o comentário de casos são mais reveladores que o detalhamento abstrato de detalhes técnicos.

ESTUDOS DE CASOS

Os três estudos de casos que se seguem foram selecionados porque ilustram aspectos complementares da análise junguiana. O primeiro mostra o quanto uma criança pequena pode transformar-se se puder contar com entrevistas facilitadoras. O segundo, Billy, é analiticamente simples, e as entrevistas detalhadas destinam-se a mostrar como a análise prossegue e onde e por que as intervenções são feitas ou não. O terceiro exemplo, Alan, é uma criança bem mais comprometida, é bem mais anômalo e ilustra a necessidade tanto de interpretação quanto de afeto, tolerância e administração proporcionados pelo ambiente. Após o fim da análise dessa criança, seus professores receberam auxílio para viabilizar os benefícios de seu tratamento. A terapia ambiental só pôde ser realizada devido ao modo como se deu o fim da análise.

Caso 1

Uma garotinha de pouco mais de 2 anos de idade me foi trazida em função de ataques que vinha sofrendo havia um ano. Nesses ataques, ela ficava completamente inconsciente. Após a ocorrência, ela entrava em estado de letargia e precisava ficar na cama por várias horas. Afora isso, a criança agarrava-se à mãe praticamente o tempo todo e não conseguia fazer nada do que se espera que uma criança de 2 anos faça sozinha; não conseguia alimentar-se nem vestir-se sem ajuda. Sua irmã mais velha – que era bem mais robusta – a maltratava constantemente.

A administração de luminal conseguiu reduzir os ataques a mais ou menos um por semana, mas não houve alteração na regressão.

Na primeira entrevista, logo ficou claro que a garotinha estava ansiosa demais para deixar a sala de espera sozinha. Por isso, pedi à mãe que a acompanhasse à minha sala. Pouco foi possível fazer com ela; deixei-a ficar ao lado da mãe enquanto discutíamos o problema. Na sessão seguinte, mãe e filha vieram juntas novamente, mas desta vez fiz a mãe sentar-se numa cadeira colocada do lado de fora da sala. Com muita timidez, a criança acercou-se; a porta para o recinto contíguo permaneceu aberta. Dei-lhe lápis de cor e uma folha de papel. A princípio, ela não fez nada. Mas então fez um leve rabisco e, para minha surpresa, desenhou um círculo, olhou em minha direção e disse de modo bem claro: "eu" (querendo dizer ela mesma). Quase que de imediato seus modos mudaram inteiramente: ela desceu da cadeira e brincou alguns minutos com vários brinquedos. Depois dirigiu-se para o lugar onde estava a mãe, que – confirmando a boa impressão que me causara – agiu com naturalidade, de forma que a criança logo voltou sozinha à minha sala.

Um dia, quando ela já estava mais à vontade, deixou um objeto cair no chão e quebrar-se. Isso provocou-lhe grave ansiedade, fazendo-a correr para a mãe como antes. Mas logo voltou e, depois que retornou à brincadeira, eu dei ao objeto quebrado um nome, dizendo "mãe quebrada". Isso produziu um aumento na comunicação, já que eu demonstrara haver entendido seu medo.

Então comecei a fazer mães de argila, que ela quebrava. Após algum tempo, ela quis que fizéssemos um bebê. Quebrou-o em pedacinhos, como havia feito com a mãe. Fiz também um pai, mas este foi poupado; em nenhum momento houve algum ataque destrutivo à figura do pai.

Nessa altura, acrescentei mais um comentário, que ia no sentido de estigmatizar a mãe e o bebê como "malcriados". O efeito foi um aumento da atividade. Fiz o comentário com o intuito de reforçar a sua parte "boa" e porque aquilo era, por assim dizer, seu contra-ataque ao lado "mau" (escuro) das imagens em questão.

Sua mãe fez um interessante comentário nesse ponto: disse-me que sempre que encontravam algum carrinho de bebê, a filha não se conformava enquanto não fosse até lá para ver de perto a criancinha.

Gradualmente, a garota passou a querer juntar os pedaços das figuras de argila. Ficava aborrecida quando as partes não colavam e recrutou meu apoio em suas tentativas. A essa altura, tolerava que a mãe ficasse na sala de espera. Julguei que o principal processo em razão do qual a criança fora trazida já havia sido suficientemente resolvido e, por isso, aconselhei que suspendêssemos o luminal; não ocorreu mais nenhum ataque. Além disso, a mãe relatou um progressivo amadurecimento, de forma que a criança, de aparentemente retardada e apática, tornara-se independente, viva e extremamente competente para a idade no trato de seus problemas, dando a impressão inclusive de precocidade. Algo que agradou particularmente à mãe foi o fato de a criança não mais permitir que a irmã a maltratasse e conseguir participar de jogos agradáveis com esta. Cinco anos depois, tive notícias da menina por meio da mãe. Seu desenvolvimento fora mais que satisfatório e sua vida escolar se iniciara com prazer e sucesso.

A discussão da brincadeira da garotinha será mais fácil se a dividirmos da seguinte maneira:

(a) A dificuldade de separação da mãe
Conforme minha estimativa, a impossibilidade da criança de estar comigo não era provocada pela mãe, que não estava excessivamente ansiosa nem constrangida pela ansiedade da filha. Além disso, a mãe prontamente se dispusera a acompanhá-la à minha sala. A ansiedade da criança devia-se, portanto, à projeção de uma imagem aterrorizante sobre mim.

(b) O evento anterior à destruição do objeto
Aqui, o mais impressionante foi o desenho do círculo e sua nomeação. Isso pode ser interpretado como uma representação do *self* que promovia um aumento da segurança e o estabelecimento do ego por um breve período. O alívio da ansiedade pode ser comparado à tendência a unir-se à mãe, cuja presença física era exigida pela criança nesse momento.

Aparentemente, a necessidade da criança era manter a imagem de um *self* total e integrado que, aparentemente, se desintegrava com facilidade.

(c) A quebra dos objetos
A quebra do objeto confirmava seus piores medos de que as coisas – e, assim, as pessoas – se rompem facilmente. A tendência à desintegração pode levar à seguinte conclusão. Equação: objeto = ela própria = mãe. A volta à mãe traz consigo a tranqüilização necessária ou a estabilidade real, que pode surgir das seguintes formas.

1. Ela poderia reviver a lembrança da imagem do *self* total. Em defesa disso, pode-se dizer que, sem a lembrança da mãe inteira, a menina não poderia haver voltado à sua mãe na crise de ansiedade.

2. Talvez a estabilidade surgisse devido à tranqüilização derivada da combinação da fantasia à realidade. Se na fantasia a mãe se quebrasse, o encontro do corpo da mãe em sua integridade a tranqüilizaria de que a fantasia sobre a mãe real não era verdade.

3. A fantasia era muito forte, de forma que a mãe se havia desintegrado e voltado a ser inteira. Isso era um grande feito.

Quando chamei o objeto quebrado de "mãe", estava baseado na identidade entre objeto e mãe. A nomeação foi possível devido ao fato de sabermos que ela poderia ser um integrado, uma criança inteira, e de que ela havia feito uma distinção entre a fantasia e a realidade.

Minha atividade de confecção de mães de argila, – eu colocava-lhes seios e as nomeava – era um teste para ver o que ela faria. Ao quebrá-las, a criança estava agindo intencionalmente diante do que, segundo seu sentimento, havia acontecido anteriormente na realidade psíquica. Entre o desmembramento e a desintegração há uma diferença essencial; é a diferença entre ser quebrado em pedaços e quebrar em pedaços – a diferença entre a atividade arquetípica e a atividade egóica.

O desmembramento nos mitos é uma característica regularmente presente nos cultos à Grande Mãe, que é a destruidora, a mãe terrível que castra e destrói o filho. Em todas as diferenças, revela-se a mesma forma arquetípica – a mãe terrível de quem depende a vida.

A garotinha era presa de uma experiência arquetípica de desmembramento e, a julgar pelos bons resultados da elaboração do evento, essa deve ter sido uma das causas dos sintomas, os ataques, sendo a outra, a regressão, cuja ocorrência se dera antes de que o ego pudesse haver-se formado para converter suficientemente o evento em palavras ou fantasias.

O conceito de deintegração ajuda a compreender o transtorno da criança, pois a fonte dos ataques era o desmembramento do ego pelo *self* em deintegração, um processo descrito como desintegração. Ele leva a regressão a um nível em que a própria mãe é ameaçada quando qualquer progressão é empreendida, principalmente quando se faz alguma tentativa artificial ou imposta de separar a mãe e a criança. Esse deve ter sido originalmente o medo de vir ver-me. No entanto, essa separação entre o ego da criança e a mãe é fundamental, caso se queira que a criança progrida. Tudo depende da maneira como ocorre.

Para estudar esse problema, tomei a ansiedade da separação como paradigma do problema geral e estudei o efeito de não separar mãe e filha até que esta tomasse ela mesma a iniciativa. Isso pode continuar até que a criança exerça seu ego e mande a mãe ir embora. Se a situação for administrada assim, a base essencial da consciência se desenvolve e, com ela, surge uma maior espontaneidade sob a forma do brincar. Isso se encaixa na teoria da deintegração, pois a espontaneidade do brincar pode ser concebida como decorrente do processo de deintegração. Para mim está claro que a consideração mais importante é a de que a intenção de separar-se venha da própria criança.

O passo seguinte da garotinha foi pedir que se fizesse um bebê, que ela quebrou em pedaços; é o mesmo processo de desmembramento que ocorreu antes, mas num plano diferente. É irrelevante ao brincar da criança que os ritos de desmembramento sejam associados à fertilidade? Ou podemos supor que essa criança tenha em si um conhecimento arquetípico da relação entre nascimento e morte? Mas ela destrói o bebê – é o passo seguinte na consciência, mais próximo dos mitos mais avançados de Átis e Osíris. Os mitos contêm muito mais consciência do que o brincar e a fantasia infantis. Não havia uma criança mais nova na família, a garota era a caçula – portanto, sabia que o bebê da família era ela – e agora estava expressando aquilo que lhe acontecera. Ao fazê-lo, ganha um certo distanciamento, o bebê já não é ela mesma, mas outro bebê, como os que via nos carrinhos. Mais uma vez, é necessário perceber a natureza de todo o processo representado em sua brincadeira. Os vários processos postulados quando a fantasia de uma mãe em desintegração estavam no auge se aplicam quando se trata do bebê. Aparentemente, ela teria que ir verificar para assegurar-se de que o bebê inteiro não havia sido de fato destruído, para reviver a memória do bebê inteiro ou então para descobrir que ele havia sido reconstruído.

(d) A reconstituição dos objetos
Quais as fontes do brincar construtivo iniciado pela garotinha? A mãe lhe teria mostrado que os objetos quebrados devem ser consertados? Nesse caso, ela terá aplicado o princípio a novas esferas, já que brincou de destruir modelos de mães e bebês só comigo na transferência. Seria culpa o que a impelia a um esforço construtivo? Em caso afirmativo, não fui capaz de detectar nenhum sinal. Contudo, não é preciso prosseguir com essas especulações, pois o brincar construtivo decorre da hipótese já formulada: ver a mãe intacta e o bebê inteiro deu lugar à fantasia de que ambos haviam sido reconstituídos. Alguém o havia feito; então, ela também tentaria. A princípio não conseguiu fazê-lo sozinha, e eu tive de ser essa outra pessoa; depois, foi possível consegui-lo sem minha assistência.

No brincar dessa criança, pode-se deduzir o processo de deintegração por trás da desintegração. Com base nessa hipótese, o processo patológico deriva de o ego ser quebrado em pedaços pelo *self* à medida que este se deintegra e assim, em vez de uma progressão em que a consciência aumente, resulta uma regressão. Essa regressão conduz a um nível no qual se encontra um integrado anterior, baseado na unidade da criança. Os ataques podem agora ser entendidos como a descarga da energia que poderia ter sido aplicada numa progressiva deintegração.

Na brincadeira, a criança elaborou o desastre sob uma forma diferente e restabeleceu a posição do ego, expressa no crescimento de uma relação mais independente e positiva diante da mãe e na brincadeira cooperativa com a irmã.

Caso 2:

[Nota: No relato seguinte, os comentários feitos após as entrevistas são apresentados entre colchetes para distingui-los claramente dos trechos descritivos.]

Billy, de 6 anos e onze meses, foi encaminhado para tratamento devido a dificuldades na relação com a mãe: exigia-lhe excessiva tolerância por causa de seu comportamento agressivo. Além disso, apresentava incontinência fecal e dificuldades de aprendizagem na escola, que a mãe – provavelmente com razão – atribuía a freqüentes mudanças de pessoal. Portanto, ela estava pensando em transferi-lo para uma escola melhor, onde seu irmão mais velho se havia adaptado bem.

Billy, além do mais, demonstrava comportamento patentemente infantil, principalmente quando pedia para usar mamadeira. A mãe mostrava-se ambivalente diante desse desejo, mas logo após o início do tratamento deixou que ele usasse a mamadeira que queria.

O histórico da criança tinha características relevantes ao conteúdo das entrevistas que serão abaixo descritas.

1. Logo após o nascimento, Billy teve um abscesso anal que o obrigou a permanecer internado por várias semanas.

2. Quando o bebê tinha nove meses, o pai deixou a mãe. Não se discutiu o efeito disso, mas é de supor que tenha afetado a atitude da mãe diante do filho. O pai de Billy agora vive na França, mas visita os filhos de vez em quando. Ele não vivencia as necessidades cotidianas das crianças e suas visitas cercam-se de *glamour*, sendo recheadas de presentes e passeios interessantes.

3. Um pouco antes da vinda de Billy, a mãe teve de ser internada para tratamento de um disco intervertebral, e os dois filhos foram mandados para um lar infantil muito bom, chamado "A Arca". Foi nessa época que os sintomas pioraram e precipitaram seu encaminhamento a mim.

A mãe de Billy causou-me boa impressão: parecia afetuosa, hábil e receptiva às necessidades dos filhos. Seu analista, com quem tive a sorte de poder discutir o caso, confirmou minha impressão e, assim, a terapia de Billy pôde começar sem mais demora.

Primeira e segunda entrevistas: Já tinha havido duas entrevistas antes das três que serão aqui descritas detalhadamente. Billy demonstrava boa iniciativa para brincar só, em silêncio, mas parecia inquieto e deprimido. Fazia desenhos de uma casa escura e sem graça, com uma árvore ao lado. [Embora na época eu tivesse pensado que esses desenhos fossem auto-representações (ele próprio em estado deprimido) e, portanto, exprimissem um pedido de ajuda, depois ele me disse que a casa era "A Arca", onde ele se sentira tão abatido e onde não havia mãe que o ajudasse. Esse exemplo ilustra o modo como uma criança pode demonstrar sua necessidade de ajuda logo no início da análise. Conhecendo seu histórico, eu pude interpretar sua necessidade, mas os dados que ele mesmo me ofereceu eram insuficientes.]

Na segunda vez em que o vi, dois dias antes da terceira entrevista, consegui fazer uma interpretação incompleta de sua agressividade anal, e ele foi para casa e perguntou à mãe por que eu havia mencionado suas fezes. A mãe, com muito tato, disse-lhe que era minha forma de estabelecer um contato amigável com ele.

[Essa atuação se devia à incompletude de minha interpretação, que não relacionava sua vergonha ao fato de eu tomar conhecimento de sua incontinência.]

Terceira entrevista: Billy deu-me a impressão de estar agitado e zangado. [Considerei esse comportamento a conseqüência de minhas interpretações na entrevista anterior.] Estava muito decidido quanto ao que queria e foi logo pedindo um lápis que não estava entre os que ele tinha, então saí da sala e consegui encontrar um para dar-lhe. [Quando a criança faz uma exigência razoável ou expressa um desejo adaptado à realidade, eu a satisfaço. Nessa ocasião, foi fácil atendê-la, pois a exigência não interferia com a entrevista; além disso, facilitava sua intenção de desenhar.]

Ele preparou-se então para fazer um desenho que se desdobrou nas seguintes etapas: primeiro, fez uma linha ascendente ao longo do papel, com uma inclinação do lado direito. No alto da "colina", havia um letreiro com a sigla USA, para indicar "Força Aérea Norte-americana". Mais à esquerda, ele fez cuidadosamente uma escada de corda. Os nós entre as barras horizontais foram desenhados com esmero. Billy ficou inquieto depois de fazer vários desses nós e deixou a escada incompleta, passando a desenhar um túnel que descia verticalmente sob a terra, bem do lado esquerdo do papel. O túnel logo se estendeu horizontalmente para a direita até chegar a uma "caverna". Quando completou essa parte do desenho, ele quase que foi obrigado a fazer a escada ligar-se ao túnel. Preencheu-o então de azul claro, comentando ao mesmo tempo que havia também um "túnel vermelho". Imediatamente fez, com força, um rabisco vermelho entre a escada de corda e a caverna, dizendo que aquilo era "um homem fazendo uma explosão". [Entendi essa seqüência como representativa de seu interesse pelo interior do próprio corpo e também do da mãe (a terra = mãe). O homem fazendo a explosão era sobredeterminado. A explosão evidentemente representava sua fúria diante de minhas intervenções. Numa interpretação (não registrada), referi-me à violência dentro dele, que dava origem à sua incontinência. Isso o deixou zangado, pois em sua fantasia eu (o homem) é que era o responsável por aquilo. O desenho insinua ainda a fantasia de um homem dentro da mãe, isto é, a cena primal. Além disso, provavelmente se relaciona à ida da mãe para o hospital e à fúria que isso despertou nele. Devido à incerteza quanto a qual desses significados era o que mais o preocupava, abstive-me de interpretações detalhadas. Considerando a situação em retrospecto, eu poderia haver feito uma que me apresentasse como o homem e apresentasse a explosão como a de sua raiva à minha, a seus olhos, injustificada intrusão num assunto particular – sua incontinência – entre ele e a mãe.

Como eu não abordei esse assunto, houve uma mudança no rumo da interação, que se afastou da fonte de sua ansiedade.]

Quase imediatamente houve uma mudança em sua atitude, e ele começou a desenhar um avião voando no ar – "Sou bom em desenhar aviões", disse ele. Um facho de luz amarela saía da cauda para a frente. Ele comentou: "A luz é invenção do meu irmão".

Durante tudo isso, eu estive fumando um cachimbo. De repente, ele passou a demonstrar interesse pelo objeto, particularmente pela fumaça. Desenhou a fumaça que escapava da cauda do avião na mesma cor que a fumaça do cachimbo.

Nesse momento, sugeri que o avião poderia estar indo para a França e representar seu desejo de ver (o refletor sugeriu essa palavra) o pai. Ele imediatamente respondeu: "Meu pai não vem aqui nem vai mandar dinheiro que dê para a gente ir para lá – por que ele não manda? Estou guardando dinheiro – dinheiro francês, mas só consigo arranjar mais dinheiro inglês". [Minha interpretação produziu uma comunicação mais direta e pessoal. Há uma sugestão de que ela tenha modificado sua defensividade no fornecimento de mais informações sobre a família. Abstive-me de julgar o quanto havia de verdade no que ele disse.]

Então eu lhe disse que o avião representava as partes de uma pessoa, principalmente a fumaça – que tinha a mesma cor e cheiro do meu cachimbo – que saía do tubo de escape, acrescentando que essa fumaça expelida do fundo do avião era como os cheiros que saíam dos "fundos" dele quando ele defecava. (Falei-lhe tudo isso empregando as palavras que ele usava com a mãe. Eu havia deixado bem claro para ele numa entrevista anterior que a mãe havia me contado a respeito de sua encoprese.) [Essa interpretação toca nos sentimentos transferenciais manifestados pela criança, que se haviam tornado tão evidentes que teria sido um erro não dizer nada a respeito. A interpretação era incompleta: não me vali de seu interesse em meu corpo e seus odores fecais (flatos). Aqui, mais uma vez, havia demasiados significados possíveis: além de representar pessoas inteiras, os aviões são, por caráter, fálicos e anais. Além disso, há um elemento defensivo na brincadeira que é evidente no "vôo" para longe do tema da agressividade.]

Ele então começou a desenhar um segundo avião; este estava no chão, e a fumaça que expelia era marrom e parecia muito mais com um monte de fezes. [A interpretação incompleta havia, aparentemente, provocado uma mudança de sentimento.] Em seguida, ele pintou o símbolo norte-americano. Aquele avião, disse ele, representava ele próprio. [Uma reação e aperfeiçoamento de minha interpretação de que os aviões representavam pessoas. Ele assimilou esse *insight* e o usou ele próprio.] Nesse momento, fiz novas interpretações, dizendo que achava que ele devia estar zangado com a mãe naquele dia – queria fazer explosões dentro dela (o rabisco vermelho) e voar para junto do pai bom, a quem ele havia começado a pensar que eu poderia substituir. [Essa interpretação se vale da transferência positiva e pode ser pensada como uma forma de evitar o espírito negativo em que ele estava quando chegou. Entretanto, não julguei desejável reverter o sentimento positivo a meu respeito que claramente se desenvolvia. Existe este perigo em interpretar a hostilidade contra a mãe: ele poderia voltar para casa achando que eu era um aliado contra ela, que se tornaria objeto de ainda mais ressentimento e raiva do que se eu não o fizesse.

O fato de a mãe haver estado em análise possibilitou esse procedimento interpretativo, já que eu sabia que ela poderia lidar habilmente com a agressividade do filho. Se não fosse assim e se eu não estivesse certo da capacidade de avaliar realidades que tinha a mãe de Billy, bem como de sua transferência em relação a mim, eu teria sido mais cauteloso.]

Minha intervenção liberou uma torrente de perguntas sobre minha nacionalidade, então eu lhe disse que nascera em Londres [coisa que ele já sabia, mas que talvez ele quisesse que eu tivesse nascido em outro lugar para parecer-me mais a seu pai.]

Então ele usou tinta preta para preencher e quase que borrar a terra, fazendo riscos a golpe sobre a caverna. Por conseguinte, eu lhe disse que a mãe o deixara zangado por causa da caverna de dentro da qual ele surgira e para a qual ela não deixaria que ele subisse (a escada) e, assim, ele estava se sentindo péssimo em relação a ela. Ele fez uma marca na caverna e rapidamente desenhou uma linha que saía dela, passava por cima do avião e ia na mesma direção: "Eu vou para a França", disse ele. [Há um aumento do sadismo diretamente expresso, a sensação de estar péssimo constituindo prova da ansiedade que ele despertava.]

Nesse momento, ele terminou o desenho com um terceiro avião, que representava o irmão, e em seguida começou a chutar uma bola pela sala de modo agressivo e arrogante.

Estava perto do fim da sessão, então eu comecei a guardar os lápis de cor em seu estojo. [Uma boa maneira de finalizar a entrevista é começar a guardar os brinquedos. Isso introduz o fim e dá à criança tempo de indicar como se sente diante do fato.] Ele não havia brincado até o momento com nenhum dos brinquedos, mas então pegou um carro branco e um caminhão e tentou prender um ao outro. Em seguida, tirou uma das orelhas destacáveis de um elefante e, por isso, disse-lhe que ele estava de novo zangado comigo porque eu estava terminando a sessão e que, além disso, ele estava expressando seu desejo de ficar comigo. [Uma boa oportunidade de abordar sua ambivalente transferência.]

Ele acabou cooperando e guardando os brinquedos no armário, perguntando onde estava a chave e para que servia. Eu expliquei, e ele trancou a porta e foi embora, aparentemente satisfeito. [Esta entrevista mostra que o que lhe causava mais ansiedade eram as fantasias agressivas. Diante da depressão que ele sentia quando estava em "A Arca", pode-se pressupor com certeza que a ausência da mãe era sentida como estando relacionada a ela.]

Quarta entrevista: Billy e a mãe estavam sentados na sala de espera, que era um espaço aberto. Num dos lados estavam as portas para as salas de consulta e os sanitários. Eu saí da minha sala, a que tinha acesso por um corredor. Eu precisava passar diante dele para ir até o sanitário antes de atendê-lo. Assim que eu apareci, ele deu um pulo e veio na minha direção, já imaginando que eu o levaria comigo para minha sala. Eu o repeli, dizendo: "Não demoro um minuto", e ele voltou decepcionado para sua cadeira. Quando voltei, ele ainda estava disposto a acompanhar-me, mas o entusiasmo inicial se fora. Estava vestido com um casaco vermelho que tinha uns emblemas chineses. Comentei que parecia chinês, e ele respondeu que aquele era seu "casaco alegre", seu "casaco mágico". [Há um nítido aumento na transferência positiva. A disposição dos sanitários era infeliz, mas diante da encoprese da criança, pareceu-me relevante considerar se eu não estava demonstrando uma contratransferência que requeria atenção. Por que não seria eu capaz de controlar minhas fezes?]

Ele começou a pintar nuvens escuras, cinzentas, da cor da fumaça de meu cachimbo, conforme havia comentado antes. A cor já havia aparecido, ligada a sua agressividade; ela sugeria também, já que ele havia olhado desconcertadamente para meu cachimbo, inveja e tristeza; o pai fumava cigarro, respondera ele quando lhe perguntei. Eu lhe disse o que pensava: além do prazer em ver-me, ele sentia tristeza; talvez, para vir, tivesse que deixar de fazer alguma outra coisa em casa e, além disso, ficara decepcionado quando eu fora ao sanitário. Ele respondeu que o irmão havia ido nadar, mas acrescentou que ele próprio estava resfriado e não era bom [nadar] para quem estava assim. [Essas observações foram cruciais à condução que dei ao caso. Na entrevista anterior, houvera indício de cisão de uma forma pré-ambivalente. Ele demonstrara uma tendência a idealizar-me, como também ao pai, e a tratar a mãe como má. No fim da entrevista houvera indício de ambivalência – raiva por ir e desejo de ficar, aliados à capacidade de separar-se sem ansiedade. Havia traumas muito precoces, provavelmente o mais importante dos quais era a perturbação em sua relação com a mãe devido ao rompimento do pai com a família; o menos importante era a fissura anal, graças à qual tivera de ser hospitalizado. Mas a combinação nesse caso implica muita cisão no ego e um ponto de fixação num nível pré-pessoal. Porém sua demonstração de tristeza era uma indicação muito forte de que esses traumas não haviam impedido o desenvolvimento nem de representações pessoais do *self* nem da capacidade de simbolizar. Além disso, indicava que seus sintomas poderiam dever-se a conversão histérica e que sua "depressão" poderia não ser uma verdadeira depressão, mas sim a aflição e o sofrimento de uma criança relativamente sadia que tivesse atingido a posição depressiva.] Ele então voltou à pintura e começou a fazer o céu. A mistura de cores o tornou escuro. Ele o olhou, limpou a tinta azul que havia na caixa e continuou a pintar. Fez o céu azul, comentando que iria fazer também um arco-íris. Também tornou as nuvens mais claras usando tinta branca. Enquanto fazia isso, disse que Deus havia feito o arco-íris que ele iria fazer, numa referência à história bíblica de Noé.

[Os vários fatores que tornavam a história bíblica atraente para eles são particularmente claros. Podem ser resumidos conforme se segue:

1. O nome do lar infantil para o qual fora enviado era "A Arca".

2. A fúria destrutiva de Deus correspondia à sua própria fúria diante da ausência da mãe e da maneira como o pai o "negligenciava" (Cf. também, abaixo, sua fantasia transferencial onipotente de afogar-me.)

3. Ele, como Deus, também se sente arrependido pelo que fez (em sua fantasia).

4. E tudo volta a ser feliz como antes, a reparação sendo motivada pela tristeza e pela culpa.]

Uma área no canto superior direito da pintura fora deixada de lado. O sol iria ser colocado ali – e ele esforçou-se muito para limpar a tinta amarela, mas não conseguiu porque estava muito suja. Observei o fato e ele foi à pia para trocar a água. Jogou fora a água suja e então percebeu que ali havia uma pistola d'água, que encheu e esguichou no chão, olhando animado para mim. Não fiz nada, pois ele parecia estar querendo testar-me, perguntando-se o que eu iria fazer. Antes de voltar, jogou no chão boa parte da água que havia no recipiente e então veio triunfante para terminar a pintura. A tinta amarela foi limpa facilmente e o sol foi pintado – um objeto bem amarelo, bem berrante. A troca verbal entre nós não cessou durante essas atividades, mas não foi interpretativa.

Então ele começou a pintar o arco-íris: amarelo em cima, depois uma cor mista (verde), um vermelho impuro foi seguido de marrom e depois uma linha de negro seguida de um azul bem nítido. Amarelo e azul eram as cores "alegres", disse ele; portanto o arco-íris representa uma mudança de sentimento, inicialmente alegria e emoção mudando em seguida para tristeza, e eu fiquei com a impressão de que a linha negra foi colocada para fazê-lo lembrar-se de um sentimento que já não estava propriamente lá naquele momento, era mais um sentimento que ele tinha ao começar; o final era um azul alegre.

Nesse momento interpretei o fato de ele haver jogado água no chão como uma demonstração de seu furioso desejo de afogar-me. Disse-lhe que ele se sentia como Deus – pois podia fazer o que quisesse –, que inundava o mundo e depois se arrependia. Ele concordou, felicíssimo, e desenhou uma casa com telhado negro. Resolveu mudar de técnica e procurou na caixa o lápis que havia usado na vez anterior. A princípio, pensou que não estivesse lá, mas, aliviado, encontrou-o e usou-o para fazer as paredes verticais da casa. Pintou janelas, porta e paredes de amarelo e verde.

Interpretei então que o negro eram os negros sentimentos que nutria pela mãe e que a casa agora era alegre, depois de sua raiva haver-se transformado em felicidade por sua mãe e eu não havermos nos afogado. Ele expressou com gestos o prazer que essa interpretação lhe causava e sublinhou sua reafirmação do que eu dissera com o acréscimo de uma chaminé em vermelho vivo, com fumaça azul saindo. Em seguida, a mãe e ele foram pintados juntos, à esquerda da casa. As figuras foram feitas rapidamente, sem muita preocupação com as cores usadas. Do outro lado havia a "cabeçorra" do irmão. Ele fez uma cabeça enorme e enfatizou bastante a pequenez do corpo do irmão. A terra verde foi pintada na parte inferior da folha de papel.

Quando acabou a pintura, recostou-se na cadeira com as pernas separadas e semiflexionadas. Concentrou-se em mim. De onde eu era, voltou a perguntar, e eu respondi que ele sabia que eu era de Londres, mas que preferia que eu fosse francês, como o pai. Ele continuou: "Por que você não vem morar com a gente?" Eu lhe disse que tinha minha casa, mas ele insistiu: "Por que você não coloca sua casa dentro da minha?" [Deixei passar esse desejo sem comentários. Aqui, mais uma vez, há muita sobredeterminação.

1. Há o desejo de ver os pais juntos de novo, já que eu representava o pai.

2. Há um elemento pessoal, passivo, homossexual.

3. Há um desejo de fusão muito complexo, no qual há identificação com a mãe e, por trás, uma necessidade oral de amamentação, na qual eu representaria o seio, e sua casa o seu próprio corpo com uma entrada – a boca.]

Já estava chegando a hora e eu disse que iria pegar os brinquedos e guardá-los. Ele ajudou após alguma resistência e acabou guardando sozinho os brinquedos. A chave do armário tinha uma etiqueta onde estava escrito "Dr. Fordham". "Ora", disse ele, "você é 'Dr. Fordham'? Meu pai é o *Sr.* X e não o *Dr.* X. Não preciso de doutor, não estou doente. " E voltou, pensativo, para a mãe. [A minha identificação com o pai é rejeitada.]

Quinta entrevista: Quando voltou, dois dias depois, ele não estava bem e havia vomitado no caminho. A mãe explicou que não o levara de volta para casa porque havia pensado que poderia ser "doença de mentirinha". Eu o levei à minha sala; a pele dele estava fria e o pulso, fraco; então coloquei-o deitado no divã com uma manta por cima, peguei um copo de leite, que ele disse que queria, e o pus a seu lado. [O vômito era, como depois demonstraram os fatos, provavelmente um sintoma de conversão. Mas, supondo que houvesse uma regressão, por causa de sua história inicial, seria justificável tratá-lo como se fosse um bebê. Além disso, havia claras indicações de choque físico.]

Fiz interpretações de como ele vinha no carro, com raiva e maus sentimentos em relação a mim, que eram como comida estragada. Ele começou logo a mexer-se e a fazer movimentos regressivos, assumindo posição fetal, como se estivesse dentro da mãe, chupando o polegar etc. Gradualmente a cor voltou-lhe às faces e, antes do término da entrevista ele havia se recuperado, dizendo que era bom o leite estar ali, mesmo que ele não o quisesse [beber].

Durante essa entrevista, eu comentei que dessa vez ele queria que eu fosse médico, pois assim podia sentir-se como um paciente, e que ele realmente achava que queria tratamento para suas "tripas ruins" [uma referência à sua incontinência fecal e ao enjôo.

Essa entrevista mostra como a necessidade de carinho durante uma regressão pode ter precedência sobre as revelações interpretativas que, não obstante, foram usadas e forneceram um complemento valioso à carência que a criança demonstrava.]

Caso 3

Para a maioria das crianças, e Billy era uma delas, o impacto de seus conflitos está na família. Mas eles podem atingir também a escola, e então tendem a atingir a sombra coletiva. Embora os professores possam precisar – e muito – de ajuda, não é fácil fornecê-la porque eles não costumam pedi-la para si, mas geralmente para lidar com uma criança muito difícil. O caso seguinte ilustra como se pode chegar à colaboração durante a análise e contribuir significativamente para o sucesso do resultado.

O tipo de problemas sociais que surgem é mais evidenciado pelas crianças mais anormais, principalmente aquelas que excitam o inconsciente coletivo com a implacabilidade de seus afetos. São elas as crianças esquizóides, esquizofrênicas ou autistas, que tendem a fascinar, repelir ou horrorizar as pessoas que entram em contato com elas. Alan era uma dessas crianças.

Ele tinha 7 anos de idade quando o vi pela primeira vez. Seu relacionamento com as pessoas estava seriamente perturbado. Com efeito, até a mãe o julgava muito inacessível e ninguém conseguia chegar muito perto dele.

Alguns anos antes, ele havia sido encaminhado a mim. Os pais haviam sido aconselhados a mandá-lo a uma escola especial porque sua capacidade de se deixar educar parecia ser praticamente zero. Eles se recusaram a fazê-lo e resolveram tentar curar Alan sozinhos. Ele melhorou um pouco, e a família teve a sorte de encontrar uma escola com uma professora especialmente tolerante – mais detalhes a respeito em seguida.

Estava claro, desde a primeira vez em que Alan veio me ver com os pais, que ele estava consciente de sua doença e queria o tipo de ajuda que imaginava que eu poderia dar-lhe. Na primeira entrevista, iniciou-se o trabalho analítico, que foi realizado até o fim.

Durante a análise, Alan desenvolveu um controle cada vez maior sobre suas fantasias e seus impulsos sexuais e destrutivos. Ficou mais afetuoso com a mãe, mais tolerante e compreensivo com os dois irmãos menores e passou a aceitar melhor a necessária disciplina dos pais. As mudanças exteriores correspondiam a mudanças dentro da transferência, onde ele elaborou detidamente suas aterrorizantes fantasias e impulsos onipotentes. O decréscimo da onipotência refletia-se na forma de sua brincadeira: o que inicialmente eram deuses e demônios transformou-se em *cowboys* e índios.

Como ele demonstrava tanta melhora, achei que poderia considerar o fim da análise, já que os pais estavam cada vez mais seguros de querer e poder assumir a responsabilidade pelo filho. Antes de uma interrupção no período de férias, Alan regressou um tanto às fantasias mais violentas. Mas quando viajou, enviou-me um postal, sem sugestão dos pais, dizendo que estava se divertindo muito e contando suas atividades. Quando voltou, eu lhe disse que achava, já que ele agora podia sentir-se feliz com a família quando eu não estava, que poderíamos pensar em parar com as entrevistas. Não houve resposta direta; em vez disso, ele começou um jogo que havia jogado antes das férias, no qual havia animais ameaçados por homens ou demônios que viravam fumaça. Os animais eram mortos misteriosamente – de onze, passaram a quatro – e então ele começou a perguntar quanto tempo havia ainda. Interpretei sua ansiedade diante do tempo como um desejo de se certificar de que eu controlaria os demônios se ele não o conseguisse. O jogo continuou: os animais acabaram reduzidos a apenas um, mas este venceu os demônios e devolveu a vida aos animais mortos. Quando isso aconteceu, Alan afirmou: "Então os poderes do bem venceram o mal".

A brincadeira apresentava características regressivas se comparada com seus conteúdos antes do intervalo das férias. Evidentemente, a regressão havia sido precipitada pela minha abordagem da questão do fim de nossas entrevistas. Isso era de esperar, devido à ansiedade provocada pelo final da análise. Na entrevista seguinte, a destruição foi bem menor e, quando eu lhe disse que não achava minha intervenção necessária a seu controle dos sentimentos, ele pareceu satisfeito e orgulhoso de si mesmo. Então eu lhe disse que a próxima seria a última vez.

Na última entrevista, ele estava mais amigável e aberto que antes e havia ainda menos destruição. Essa entrevista terminou da seguinte maneira: quando eu anunciei o final, ele foi para trás de uma cadeira. O olhar excitado que antes acompanhava a derrubada violenta da mobília surgiu. Após uma luta interior, ele pulou em cima da mesa, e a entrevista acabou quando eu o levei nos ombros até onde estava a mãe, com quem ele desceu as escadas. O fim foi emocionante; havia pouco sinal de arrependimento, mas basicamente fúria e raiva, que ele controlou de uma forma que só posso descrever como heróica – foi uma saída triunfante, onipotente. O ponto a destacar é que antes, embora ele houvesse regredido, havia controlado a regressão com o mínimo de ajuda e o triunfo também fora mínimo.

Nesse breve relato, tentei transmitir o porquê estava certo de que ele conseguiria adaptar-se bastante bem se tivesse a oportunidade. A certeza decorria não só do episódio final, mas também de numerosas ocasiões anteriores, nas quais o seu *self* "bom" havia conseguido não tanto triunfar quanto resistir ao impacto dos impulsos destrutivos e seus equivalentes na fantasia. Tinha havido sinais de preocupação diante de sua destrutividade e alguns desejos de reparação, embora não muito proeminentes. A partir de relatórios subseqüentes, ele aparentemente tinha mais capacidade de sentir tristeza por ir embora do que havia demonstrado abertamente.

Foi após o término da parte analítica de seu tratamento que ocorreram os episódios mais significativos para o tema em questão. Eles dependeram, mais uma vez, da recusa dos pais em tratar Alan como um caso perdido. Para tanto, estes recorreram a padrões de defesa maníaca, o pai mais que a mãe, de forma que seria difícil para Alan manter um desenvolvimento maior do que aquele que eles haviam atingido em relação à patologia do pai. Parecia justificável esperar que Alan desse sinais de um padrão de defesa que fosse não apenas socialmente aceitável, mas também amplamente aprovado.

Quando a análise parou, eu afirmei categoricamente que Alan não precisava ser tratado como um caso especial nem em casa nem na escola. Foi fácil para os pais implementar essa idéia muito bem, mas o resultado foi especialmente eficaz devido a dois fatores.

O primeiro é que a mãe de Alan havia pensado muito no filho e tentado compreendê-lo de todas as maneiras. Refletindo sobre as lembranças de sua própria infância e comparando-as ao comportamento de Alan, descobriu que sempre que achava o filho intolerável havia algo relacionado a ela mesma.

O segundo é que o marido, um homem inteligentíssimo, e o sogro eram, em muitos aspectos, como Alan. Ambos tendiam a isolar-se das pessoas e a tomar decisões arbitrárias com relação à família. Ambos eram temperamentais e sofriam de mau humor. O avô, inclusive, havia se recuperado de um "colapso nervoso". O pai de Alan lamentava as próprias faltas, mas não era totalmente intolerante diante das que se manifestavam no filho.

Essa combinação de características criou no lar um ambiente que não era tão normal e, ao mesmo tempo, era saudável o bastante para Alan viver. Além disso, graças ao tratamento, houve uma mudança significativa na forma de lidar com ele. Quando se tentava forçá-lo a comportar-se bem de um modo que estivesse acima de sua capacidade, ele dava sinais de aflição que ambos os pais passaram a entender. Por conseguinte, sabiam muito bem o que estava além da capacidade do filho.

Porém, os professores de Alan, representados pelo diretor, não gostaram de saber que o tratamento havia chegado ao fim. Eles não tinham condições de apreciar a capacidade de adaptação que Alan havia atingido. Para saber por que, será necessário considerar como essa situação se desenvolveu. Quando Alan começou a freqüentar a escola, aos 5 anos, sentava-se no fundo da sala e parecia não prestar muita atenção. Entretanto, a professora logo teve uma feliz idéia: deu-lhe permissão para sair da sala e ir para a biblioteca durante as aulas. Alan via e depois lia os livros da biblioteca e, assim, apreendeu muita informação aleatória. Essa abordagem contribuiu para o estabelecimento de uma relação singular entre Alan e essa professora, o que dificultou as coisas para os demais professores. Alan presumia que era seu direito comportar-se com os outros como se comportava com ela e, assim, veio a ocupar uma posição especial na escola, realçada ainda mais pelo fato de estar regularmente ausente três vezes por semana, quando vinha para a terapia.

Quando a análise terminou, a situação na escola estava melhor, pois Alan mostrava-se mais amigável com as outras crianças e havia inclusive reunido algumas em torno de si, prometendo tornar-se um líder. Entretanto, não participava dos trabalhos de classe e seu rendimento escolar apresentava lacunas – na maioria das vezes, estava bem abaixo da média.

À medida que Alan crescia e o esperado resultado do tratamento comigo não se materializava, a tolerância dos professores atingiu um ponto crítico. A presença de Alan na escola tornou-se uma fonte de ansiedade, e o diretor mal conseguia refrear o desejo de expulsar o garoto. O pai lutou muito para manter o filho onde estava; ele argumentava de uma maneira muito incômoda e penetrante, mas, mesmo com meu apoio, não conseguiu evitar a exigência de que Alan fosse transferido para uma escola de crianças mal-ajustadas. Nesse ponto, a intervenção de minha parte parecia indicada.

Após o fim da análise de Alan, a equipe da clínica não precisou de outras intervenções que não ocasionais contatos com os pais por entrevista, telefone ou carta. Contudo, Alan tornou-se uma espécie de *cause célèbre*, conforme se evidencia pelo número de pessoas envolvidas: o próprio Alan e os pais, a professora da escola, depois um professor particular, o diretor da escola, assistentes sociais e a equipe da clínica, inclusive eu. Portanto, quando o conflito atingiu um ponto suficiente, foi marcada uma conferência à qual foram convidados todos os participantes – exceto o próprio Alan.

A discussão girou em torno da ansiedade do diretor. Felizmente, ela pôde ser modificada o bastante para não levá-lo a expulsar Alan imediatamente. Foi o grupo como um todo o responsável por isso; minha parte consistiu em extrair as várias idéias que lá havia à espera de expressão, sem verbalizar muito as minhas. Quando, por exemplo, a suposta inacessibilidade de Alan à disciplina era muito discutida, podíamos incutir dúvidas suficientes na mente do diretor pedindo ao pai de Alan que desse sua opinião e aí começando uma discussão sobre as versões absolutamente diferentes das reações de Alan. Outra fonte de ansiedade girava em torno do retardamento intelectual da criança. Era possível mencionar determinadas realizações de Alan que prometiam, mas isso não bastava para o diretor, que ainda não conseguia controlar sua ansiedade. Ele continuou a enfatizar a anormalidade de Alan e a julgá-lo uma mácula em sua escola.

Então sobreveio uma nova crise porque a professora de sua turma não pôde continuar dando-lhe seu tratamento especial; ela estava deixando a escola e Alan teria de freqüentar cursos de outros professores, menos hábeis e tolerantes. Isso exigiu uma segunda conferência, durante a qual o argumento do diretor mudou – ele agora temia que, com métodos menos sensíveis, Alan pudesse prejudicar-se de modo irreparável. Além disso, ele não acreditava nos relatórios acerca da inteligência de Alan e achava que estava fora de cogitação ele conseguir passar nos exames eliminatórios para o segundo grau – como a sua professora especial havia afirmado.

Eu estava praticamente certo de que os quocientes de inteligência obtidos anteriormente não forneciam uma estimativa correta da atual capacidade de Alan e disse isso, sugerindo que era hora de fazer novos testes. O diretor capitulou e concordou em permitir que Alan permanecesse na escola, contanto que o teste desse o resultado esperado e eu estivesse disposto a voltar a tratá-lo se necessário. Eu concordei prontamente, mas tinha certeza de que não seria preciso terapia. O resultado foi um Quociente de Inteligência de 120, com uma dispersão e algumas respostas dignas de nível adulto superior.

Foi menos fácil persuadir a professora especial a renunciar à sua relação com Alan porque ele a fascinava, mas com o tempo ela o fez. Alan passou nos exames eliminatórios e entrou para uma escola de segundo grau onde se manteve com sucesso e não houve recaídas. Com efeito, a última notícia que tive dele é que estava trabalhando numa conhecida universidade.

10 A Formação Simbólica

Neste capítulo final, quero apresentar e discutir um caso que ilustra alguns argumentos essenciais deste livro. Ele fornecerá, além disso, uma oportunidade para aprofundarmos a questão da formação simbólica, uma característica relevante da psicologia analítica, à qual demos até aqui pouca atenção.

John – um garoto italiano de 5 anos de idade ao vir à clínica – havia começado a apresentar estados de excitação violenta e muitas vezes maníaca cerca de um ano antes de ser examinado. Quando esses estados ocorriam, sua noção da realidade era tão falha que os métodos ordinários de controle – como a repressão e o castigo – não surtiam efeito quando ele estava longe de casa. Por fim, a boa escolinha que ele freqüentava, após muitas tentativas de ajudá-lo, foi obrigada a excluí-lo e encaminhá-lo para tratamento. Como passo preliminar, ele fora colocado num pequeno grupo de crianças que necessitavam de acompanhamento escolar especial.

A mãe de John, uma mulher carinhosa, tendia a ser permissiva demais no trato com ele devido à culpa por haver criado um filho assim. O pai, por outro lado, ressentia-se do comportamento do filho e, sendo um misto de sentimentalismo e grandiloqüência, não conseguia controlá-lo quando tentava; seus castigos na maioria das vezes deixavam a criança violentamente ressentida. Apesar desses problemas, o lar era bom, pois ambos os pais amavam o filho e queriam mantê-lo em casa. Eles demonstraram ser dignos de confiança ao querer ajudar o filho trazendo-o para o tratamento, e a avaliação preliminar foi amplamente confirmada pelo conhecimento que tinham da criança.

Durante a primeira parte do tratamento, o comportamento de John caracterizou-se por uma dissociação absoluta, podendo ser subdividido em três tópicos: agressividade, audição e fala.

Agressividade

A princípio, ele demonstrou poucos sinais ostensivos da violência que havia causado sua exclusão da escolinha, embora a presença desta fosse sugerida por suas intensas ansiedades. Ele não podia, por exemplo, entrar na minha sala sem a mãe, que tinha de permanecer ao seu lado durante a entrevista.

Logo sua agressividade começou a revelar-se e teve início um drama repetitivo. De repente, vinha-lhe aos olhos um medo patético que o deixava paralisado diante de um objeto aparentemente inocente, como se estivesse alucinado – que é o que, de fato, creio que ele estava. Então ele se aproximava furtivamente do objeto e entregava-se maniacamente à sua destruição.

Para impedir que sua destrutividade fosse excessiva, eu tive de intervir fisicamente, o que o levou a dirigir a agressividade contra meu corpo. Ele ficou muito assustado quando jogou água em mim pela primeira vez e fugiu correndo da sala após o feito. Só voltou quando eu fiz a seguinte interpretação: "Existe um John bom e um Dr. Fordham bom que estão juntos aqui, mas na sala há um John mau e um Dr. Fordham mau que estão se destruindo".

Quando ficou menos receoso do que eu iria fazer, começou a comportar-se como se quisesse entrar em meu corpo à força, atacando-o com a cabeça. Sua teoria era que os adultos tinham um determinado buraco na parte inferior do corpo no qual ele poderia entrar, e queria testá-la para saber se era verdadeira ou falsa. Essa idéia refletia-se também em suas brincadeiras e estava ligada à sua agressividade anal, que ele demonstrava curvando-se para a frente e fazendo gestos com as mãos que indicavam que do ânus estavam saindo fezes. Ao mesmo tempo, dizia que estava explodindo "bombas". Essas atividades eram elaboradas a cada entrevista e variavam dentro de limites muito amplos. Um dos impulsos mais freqüentes era o de morder várias partes de meu corpo; logo ficou evidente que meu órgão genital era o alvo supremo de sua agressividade oral.

Audição

Quando ele começou a fazer pinturas, eu notei que orelhas eram um detalhe importante. Ele sempre as desenhava da mesma forma, que será melhor descrita assim: elas pareciam os dois cotilédones de uma muda;

as duas folhas laterais, correspondentes à orelhas, espalhavam-se horizontalmente num único talo, que correspondia à cabeça, corpo e pernas de uma pessoa que não estava desenhada. Não havia cabeça, corpo nem pernas de verdade, pois o desenho mal passava de um diagrama sugestivo de um esquema visual, cindido das partes mais integradas de seu ego corporal. Eu supus que as orelhas não transmitiam ruído ao seu corpo e isso correspondia ao seu aparente fracasso em escutar o que lhe era dito e à ínfima atenção que dava ao ruído que ele mesmo fazia.

Fala
No princípio ele mal falou e só começou a conversar livremente quando eu consegui interpretar seus silêncios, que eram muito marcantes logo no começo da entrevista. Eu lhe disse que suas palavras se haviam separado de seu corpo, como as orelhas, que ele talvez tivesse deixado fora da clínica. Ele então me disse que as palavras de fato estavam na casa em frente à clínica; haviam sido colocadas lá, embora ele não soubesse como.

Esses excertos do comportamento de John mostram nítidos traços de comportamento pré-pessoal característico dos primeiros meses de vida. Ele é cruel, não-integrado, violento, e a defesa predominante é a projeção. Sua imagem corporal é fragmentária ou incompleta e seus objetos continuaram objetivos, isto é, não são parte de seu sentimento do *self*, que não se havia formado porque seus objetos bons interiores não bastavam para contrabalançar os maus – nesse momento não havia comportamento reparador, nenhuma sensação de que pudesse reparar o caos que criara.

A IMAGEM SIMBÓLICA

Um dia ele veio com a mãe à minha sala e colocou vários pedaços de papel na mesa, dizendo: "Para dar medo em gente".

No pequeno grupo escolar que freqüentava, ele havia sido atipicamente obediente nas ocasiões em que a professora exercera sua autoridade para controlá-lo, num contraste marcante em relação ao seu comportamento na clínica e ao seu hábito de atacar as outras crianças quando a professora estava ausente. Devido à sua agressividade, os colegas o pirraçavam e ele ficava ainda mais violento; assim, estabeleceu-se um círculo vicioso que perturbava seu relacionamento com as crianças de sua faixa etária. Nesse dia, quando a professora tentou controlá-lo para romper o círculo, ele comportou-se de modo muito diferente do habitual, reagindo com fúria e xingamentos. Quase que de imediato, ficara com medo do que iria acontecer em seguida. A professora, no entanto, permanecera passiva, compreendendo a importância do evento, e, para sua surpresa, a agressão se refreara espontaneamente. Então ele pegou papel e lápis e fez vários desenhos que, por iniciativa própria, trouxera para me mostrar. Após o primeiro desenho – uma face horrorosa com chifres e uma boca imensos – ele fez outros, mas estes eram menos dramáticos. Ao fazê-los, acalmou-se e, ao chegar à clínica, havia conseguido colocar em palavras o objetivo da primeira imagem criativa: "Para dar medo em gente", dissera batendo o pé. Depois ele me contou que os chifres eram de diabo, que dos olhos saíam chispas de fogo e que o nome da figura era "Bruxa-diabo".

Interpretei seu comportamento em relação a mim como uma afirmação de que ele sabia que poderia ser perigoso e que eu fora avisado disso por ele próprio. Quando olhei mais atentamente para o desenho, percebi que, apesar de pretender ser horripilante, os olhos tinham o mesmo ar patético que eu vira nos seus em inúmeras ocasiões e, quando virei a folha, não me admirei de ver ali beijos; sobre eles havia várias figuras semelhantes a mandalas e letras do alfabeto, as últimas preenchendo a maior parte do papel. Como sua aprendizagem era feita na escola, é provável que as letras servissem de auxílio na reparação do rompimento da relação com a professora e que os beijos exprimissem seu amor e gratidão a ela por não o magoar e permanecer inteira e intacta.

Uma das caraterísticas mais enfatizadas no desenho era a boca, cuja significação se havia revelado claramente antes. As orelhas, agora muito grandes, estavam unidas à cabeça pela primeira vez, enquanto a convenção utilizada por ele para representá-las fora empregada agora de cabeça para baixo e convertida num nariz. A outra característica que tinha relação com seu comportamento anterior eram os chifres na cabeça da figura. Esse objetos agressivos representavam os instrumentos de penetração que ele gostaria de ter na própria cabeça quando tentou entrar em meu corpo através do buraco que acreditava haver nele. Além disso, é provável que ele tivesse fantasias de fazer um buraco como esse, pois na brincadeira costumava fazer "colinas" ou "castelos" de areia nos quais cavava, retirando o material do interior e buscando encontrar ali um objeto perigoso, em geral um animal, até que a superestrutura de areia por fim ruía.

O desenho marcou um estágio claramente definido em seu desenvolvimento e, a partir daí, inúmeras mudanças ocorreram em seu comportamento. Ele começou a vir sozinho à minha sala; escutava o que era dito e podia ser desviado com mais facilidade dos objetivos destrutivos que pudesse ter em mente. Além disso, pela primeira vez desenvolveu jogos reconhecíveis como "fazer de conta": ele *fazia de conta* que me assustava e me punha para fora da sala ou então induzia-me a afirmar que estava com medo demais para deixá-lo entrar na sala e a fechar-lhe a porta para tornar o jogo mais real; então ele irrompia na sala e tomava posse dela, afirmando que eu era a "Bruxa-diabo" má e que devia, portanto, ser removido para o corredor pelo qual John havia entrado. Ele descobriu que eu e, ao mesmo tempo, a temível figura arquetípica, poderíamos ser influenciados ou até controlados por ele.

Outro sinal de desenvolvimento revelou-se posteriormente. Ele trouxe para a sala uma "bomba" – um tubo de chumbo onde enfiara o bolo que a mãe lhe havia dado – e a jogou com ar de experimentador no chão, colocando as mãos sobre as orelhas "por causa da explosão". Evidentemente, queria que o ruído parasse de perturbá-lo dentro da cabeça; essa foi a primeira indicação direta de que o barulho significava alguma coisa para ele. Em seguida, prosseguiu com seu experimento da seguinte maneira: começou a gritar e berrar, ora colocando as mãos sobre as orelhas; ora, não. Assim, descobriu a diferença entre os barulhos dentro de sua própria cabeça e os de fora, pois se as orelhas estiverem cobertas, os gritos e berros se tornam muito mais interiores.

Há muitas características interessantes no desenvolvimento de John que dependiam não apenas dele próprio, mas do comportamento dos pais, da professora e meu, que era facilitador das mudanças. No presente contexto, porém, é o desenvolvimento da representação simbólica, juntamente com seu maior controle e integração de afetos, bem como sua capacidade de expressar gratidão e interesse de maneira simples e direta, o que possui mais interesse. É a partir de material desse tipo, relacionado a uma situação coletiva primordial, que as idéias deste capítulo foram desenvolvidas. Nada mais esperável que a criança demonstrasse características psicóticas, como a outra cujas idéias giravam em torno da água, pois a persistência de estruturas muito infantis em crianças maiores se verifica especificamente nos estados clínicos em que a deintegração aparece como desintegração.

Na brincadeira de John está ausente um objeto – é o seio, cuja presença seria de esperar, a menos que ele tivesse alucinado sua destruição pela boca violenta. Nesse caso, só quando sua capacidade de reparação fosse descoberta, o objeto original seria atingido e representado. Só então sua evolução poderia ser considerada estável. Como era de esperar, de fato houve posteriormente uma outra crise, a qual foi pressagiada por sua fuga de casa. No tratamento de John, o sadismo oral se foi tornando cada vez mais ostensivo até que ele atacou e mordeu implacavelmente a roupa sobre meu peito. Nisso ele estava imaginando – e não alucinando, creio eu – um seio mau. Mais uma vez, a energia instintiva concreta pré-simbólica apareceu; seu objeto – o seio – era específico, e a elaboração da situação levou à consolidação das conquistas anteriores.

Para concluir este capítulo, a natureza simbólica da imagem precisa ser relacionada ao modelo teórico, principalmente quando tanta importância se deu às imagens simbólicas por sua capacidade de expressar processos sintéticos favorecedores de individuação.

O conteúdo arquetípico do desenho de John era evidente, e o nome que ele lhe deu, "Bruxa-diabo", indicava sua natureza hermafrodita, da qual havia mais indícios na boca e nos chifres. Só por essa combinação, a figura expressava o processo de união característico do símbolo, que sem dúvida contribuía para manter unidos e transmutar parcialmente os impulsos instintivos provenientes da vida anterior bem como da vida atual da criança, contribuindo ao mesmo tempo para promover maior controle sobre eles, isto é, para o crescimento do ego.

A definição de símbolo que Jung propõe implica que ele não é em si representável, mas sim a entidade cujas manifestações podem ser vistas na união de elementos psíquicos. O símbolo, nesse sentido bastante específico, está essencialmente relacionado ao *self*. Desse ponto de vista, o episódio na escola e o conteúdo relevante da análise de John podem ser incluídos em qualquer explicação dos conteúdos do símbolo. Já que o *self* está por trás do desenvolvimento do ego na primeira infância e na infância e já que o ego de John cresceu, seu desenvolvimento deve ter sido a consequência da atividade sintética do *self*, promovida não apenas pelo próprio John, mas também pelas condições especiais que lhe foram propiciadas no tratamento e na tolerância perceptiva da professora.

Conforme se poderá lembrar, John me havia atacado com violência muitas vezes antes da ocasião em que estreou seu ataque auto-refreado à professora. Nada do que aconteceu comigo fora tão transformador quanto os eventos que transcorreram na escola; sua terapia de fato se havia caracterizado apenas por mudanças graduais. Por conseguinte, vale a pena comparar as duas experiências.

1. Na escola, a raiva era inibida espontaneamente pela criança antes que qualquer contato corporal fosse estabelecido. O mesmo não ocorria comigo; eu tinha de recorrer ao controle físico.

2. O objeto do seu ataque era uma mulher, ao passo que eu sou um homem e isso deve ter sido importante, embora seu comportamento às vezes desse mostras de que ele nem sempre distinguia claramente o sexo masculino do feminino.

3. O desenho fazia parte do currículo da escola. Na análise, ele era permitido e havia disponibilidade de material para a sua execução, mas John não o utilizava muito nessa época.

Essas considerações mostram que a principal semelhança está na agressividade da criança e na atitude não-agressiva do adulto. Já que ele fora violento primeiro comigo e depois com a professora, pode ser que a falta de retaliação violenta de minha parte, ao contrário do que o pai fazia com ele em casa, fosse um requisito preliminar necessário à sua explosão com a professora na escola e que ele não a tenha agredido fisicamente porque essa violência estivesse para ele mais associada ao pai que à mãe.

O fato de a professora, como eu, haver controlado muitas vezes suas atividades, embora, ao contrário de mim, ela não tivesse sido atacada, talvez pudesse ser explicado em termos de fatores pessoais. Em apoio a isso, vem a observação de que a violência de John era muito mais difícil de controlar na análise quando o pai o surrava antes.

Como já foi dito, em seus acessos de fúria durante a análise, a criança se tornava quase – ou, como acredito, inteiramente – alucinada. Então, em decorrência de minha intervenção restritiva, ele associava as alucinações a partes de meu corpo de tal maneira que eu me sentia obrigado a frustrá-lo.

Deve-se presumir que, a princípio, a imagem alucinatória tenha sido projetada de vez em quando no corpo da professora e isso o tenha amedrontado demais para permitir uma explosão de raiva com ela. Mas meu trabalho terapêutico diminuiu gradualmente o medo que ele sentia, e veio um momento em que pôde testar a eficácia de sua defesa agressiva contra a imagem amedrontadora.

Outro fator que contribuiu para a mudança foi o sexo e a atitude passiva da professora, possibilitando à criança separar-se pela primeira vez da imagem aterrorizante alucinada. Isso ocorreu não só por causa das diferenças sexuais, mas também porque John foi capaz de comparar o conteúdo alucinatório da imagem à realidade, processo que havia iniciado na análise e a que pôde dar continuidade na escola devido à união das diferenças sexuais na imagem.

O próximo passo foi objetivar a figura atemorizante desenhando-a, e nisso o seu ego foi colocado numa relação mais próxima sem precisar identificar-se defensivamente com ela. A natureza da figura, que ele também usava magicamente, evitando assim o perigo que meu corpo havia representado antes, é bastante interessante, porém mais ainda é o fato de que ele a tenha construído. Isso demonstrou o quanto seu ego havia ganho em força e poderia agora não só controlar suas emoções, como também permitir a expressão dos processos de reparação já descritos em seu segundo desenho, feito no verso do primeiro.

Foi a mudança de atitude do ego o mais instrumental na transformação da alucinação e da violência física em atividade imaginativa, um sinal de que os fragmentos pré-conscientes do ego, provenientes dos deintegrados do *self*, haviam se tornado mais intimamente relacionados e parcialmente incorporados ao núcleo de seu ego. Outra confirmação dessa hipótese está na maior capacidade de distinção consciente entre o que é interior e o que é exterior a si e a maior diferenciação do mundo interior. Essa diferenciação se evidencia no fato de que antes do desenho John apenas sabia que tinha "bombas" dentro de si; depois ele viu que lá havia não só os ruídos feitos pelas bombas, mas também os gritos e berros que ele poderia guardar dentro de si ou liberar no mundo exterior. Caso fosse necessário, outra prova do crescimento do ego estaria na maior gama de atividades lúdicas e na compreensão do "fazer de conta".

Dessas indicações, pode-se inferir a passagem por quatro estágios que se sobrepõem na consciência, todos relacionados à mesma imagem. Primeiro: alucinações estreitamente vinculadas às relações objetais instintuais físicas, que devem ser classificadas como *pré-simbólicas*. Segundo: só quando isso foi reconhecido, elaborado e interpretado, a atividade imaginadora se fez presente e induziu ao terceiro estágio: um símbolo unificador que operou então no sentido de induzir ao quarto, no qual os fragmentos do ego foram integrados ao núcleo principal do ego da criança.

Os adultos que o cercavam tiveram um papel fundamental na conquista de John, promovendo condições favoráveis para que o símbolo viesse a tomar forma. Mas John teve de desenvolver-se o bastante sozinho para que os recursos pudessem ser utilizados e, assim, surtir efeito.

Apêndice

OBSERVAÇÕES E REFLEXÕES ACERCA DOS PROBLEMAS DECORRENTES DO ESQUEMA DE EVACUAÇÃO NA INGLATERRA

Durante a Segunda Guerra Mundial, fui nomeado consultor para um grupo de albergues destinados a crianças evacuadas das zonas bombardeadas para a região central da Inglaterra. Isso constituiu para mim uma experiência valiosa, que aumentou minha compreensão do *self* na infância e da ansiedade depressiva como um passo no caminho da individuação.

O esquema de evacuação de guerra do Governo Britânico era voluntário e, embora a maioria das crianças fizesse uso das instalações disponíveis, um número razoável permaneceu nas cidades bombardeadas, vivendo ao lado dos pais a experiência dos ataques em série. Como a gravidade dos bombardeios variava, a população ia e vinha. Algumas crianças voltavam para casa nos períodos em que não havia bombardeios e voltavam depois, quando os ataques eram retomados. Desse modo, a força e a fraqueza dos laços familiares muitas vezes se revelavam.

Havia inúmeras provas da aflição das crianças diante da remoção do lar, muitas delas mostrando indícios diretos e indiretos de ansiedade acerca do destino dos pais durante os bombardeios. Contudo, de forma geral elas suportavam a tensão e conseguiam adaptar-se suficientemente bem, apesar de desconhecermos quais os efeitos mais remotos. Sem dúvida, a volta ao lar apresentou dificuldades, mas estas foram aparentemente superadas com surpreendente sucesso.

A boa vontade diante dos refugiados era imensa nas áreas de recepção, principalmente durante os períodos de bombardeio. De modo geral, demonstrava-se um notável grau de tolerância diante do comportamento das crianças, mesmo quando este era delinqüente, embora não fosse fácil para as pessoas do interior compreender o comportamento das crianças faveladas, acostumadas a ficar pelas ruas, nem para os pais e crianças das cidades suportar a tranqüilidade e o tédio do campo. A princípio, não se definiu nenhuma medida especial para as crianças problemáticas, mas logo ficou claro que um bom número delas não se adaptava a nenhum alojamento a que se pudesse enviá-las. Portanto, criaram-se albergues especiais para aquelas crianças que não conseguiam dar-se bem em nenhum dos alojamentos.

Em algumas áreas, designou-se um psiquiatra para consultoria, que deveria aconselhar quanto ao encaminhamento a determinados alojamentos e supervisionar as equipes dos albergues. A minha função era exatamente essa. O trabalho revelou-se interessante e produtivo; além disso, a experiência corroborou em diversos aspectos a tese contida neste livro. Por isso, julguei que valia a pena acrescentar as breves reflexões a respeito dela que virão em seguida.

É fácil deduzir que a evacuação colocava diante de nós muitas crianças desacompanhadas. Como não poderíamos contar com o valioso auxílio dos pais, os problemas destes teriam de ser desconsiderados no tratamento, exceto no que deles transparecesse por meio dos filhos. Porém, segundo o que sabíamos, a maior parte das crianças que sofriam de alguma espécie de anormalidade vinha de lares em que dificilmente se poderia imaginar a possibilidade de uma criança sobreviver emocionalmente. Além disso, um bom número era de filhos ilegítimos ou órfãos cujos pais haviam morrido quando eram muito pequenos; por conseguinte, sua infância havia sido desbaratada a um ponto além de qualquer possibilidade de reparação.

Isso não quer dizer que a importância dos pais fosse desconsiderada; pelo contrário, empreenderam-se todos os esforços para que eles visitassem os filhos. Se eles não tivessem dinheiro para isso, o Governo o fornecia. A equipe do albergue era orientada a permitir e até incentivar a permanência dos pais nas instalações. Fazia-se de tudo, por intermédio dos serviços de assistência social, para persuadir os pais a escrever regularmente e, quando o contato era interrompido, buscava-se sempre que possível restabelecê-lo.

Adotei em meu trabalho o método de visitar alguns albergues regularmente e, sempre que podia, pernoitava para poder sentir mais de perto a vida íntima do albergue. Eu brincava e conversava com as crianças e comparava as anotações de cada uma com a equipe. Algumas crianças que apresentavam determinadas dificuldades que o pessoal gostaria de discutir mais detalhadamente eram encaminhadas a uma clínica, mas nenhuma era analisada.

As crianças só iam à clínica se estivessem dispostas e se a equipe do albergue concordasse. Inicialmente não havia essa regra e eu fiz várias entrevistas improdutivas devido à tendência que aquelas crianças tinham de desenvolver (mais facilmente que as crianças que vivem em lares de verdade) uma atitude de perseguição diante dos funcionários ou médicos de fora de seu círculo mais imediato. Porém, quando a criança percebia a razão da visita e via pessoalmente como eu era, a atitude de perseguição era mais facilmente contornada.

A discussão sobre as crianças com a equipe do albergue tinha três funções. Em primeiro lugar, ela revelava quando a criança havia ultrapassado o limite de tolerância do pessoal – tais crianças eram então removidas para outro albergue. Em segundo lugar, ela mantinha vivo o interesse da equipe por cada uma das crianças e, finalmente, prestava-se à definição de novos meios para administrar o grupo.

Como analista junguiano, eu estava particularmente interessado em ver se era possível fornecer um ambiente ao qual a criança pudesse não apenas adaptar-se, mas recuperar a estabilidade destruída por sua experiência pregressa. Esta era de três tipos: primeiro, o trauma da evacuação; segundo, o trauma de alojamentos sucessivos em inúmeras ocasiões; finalmente, a experiência de sua vida familiar, que era em quase todos os casos extremamente inadequada.

Mas que tipo de ambiente poderia ser fornecido? Na época em que eu fui nomeado, a maioria dos albergues já estava estabelecida e eu deparei com o problema de situar as crianças com o tipo de pessoal adequado dentro das possibilidades. (Com uma exceção, os membros das equipes não tinham treinamento na convivência com crianças difíceis.) Qualquer que fosse seu conhecimento, havia sido acumulado de maneira pouco sistemática no curso de seu trabalho.

A equipe constituía o principal fator no meio em que a criança se inseria; portanto, o ambiente em geral não era especializado. Essa aparente desvantagem mostrou – mais claramente do que teria sido possível em outras circunstâncias – como a personalidade de cada membro constituía a consideração primordial. E, como eles vieram a aprender algo de psicologia, era mais que evidente que não se poderia empregar método algum sem levar esse fator em consideração.

Um dos principais problemas era a disciplina, sobre o qual logo se evidenciaram diferentes pontos de vista. Nos albergues em que havia mais disciplina, havia menos problemas ostensivos com as crianças. Algumas delas sem dúvida precisavam do que se costuma chamar de "mão firme" para que se pudessem manter a distância seus conflitos interiores. Por outro lado, embora essas crianças atingissem um estado de estabilidade, seu relacionamento com os adultos e seu desenvolvimento como um todo eram menos satisfatórios que nos assim chamados "albergues livres", nos quais a disciplina e o castigo eram reduzidos ao mínimo necessário e fenômenos como a destrutividade, o absenteísmo escolar, o furto e os atos sexuais eram vistos como sintomas e tratados como tais.

Era muito mais difícil administrar um albergue sem punição. A enorme energia das crianças exigia muito mais recursos da equipe para canalizá-la de modo a evitar em sua esteira um desastre.

Logo ficou claro que determinadas crianças que não toleravam a "mão firme" nem a disciplina precisavam de liberdade. Mas também ficou claro que algumas crianças não poderiam ser tratadas com um simples relaxamento da disciplina. Para ilustrar essa questão, considere-se o exemplo de um garoto que não deu certo num albergue livre, cuja equipe sem dúvida era extremamente hábil em manter a vitalidade das crianças dentro de limites.

Esse garoto, A, de 12 anos, se havia tornado líder de um grupo que quase havia posto para fora a equipe de um dos albergues. À supervisora, que até então havia conseguido lidar com as crianças, só restara a raiva e a impotência, pois sua disciplina não surtiu efeito algum contra as atividades extremamente anti-sociais do grupo. Esse garoto era forte, robusto e saudável, mas na verdade estava aterrorizado com as conseqüências de sua capacidade de violência. No passado, ele havia tido febre reumática, ido à clínica de convalescença e ainda tinha medo de que o coração parasse porque era "mau" e doente e pudesse acabar causando sua morte. Em outras palavras, ele tinha uma grande sensação de culpa pelo comportamento, que era reprimida e reaparecia sob a forma de ansiedades hipocondríacas.

O problema que se apresentava poderia ser assim descrito: a culpa daquela criança poderia ser trazida à consciência e então modificada para restabelecer sua coerência psíquica? Uma longa tentativa foi feita num albergue livre. O que aconteceu? Suas explosões de violência foram toleradas o máximo possível nas circunstâncias e muitas crises foram superadas. Ele desenvolveu um excelente senso de responsabilidade, tornando-se um trunfo do albergue em diversos aspectos. Por exemplo, encabeçou um "comitê de danos", que anotava todos os estragos feitos ao albergue e tentava repará-los. Porém, à medida que crescia, tornava-se mais difícil controlá-lo – ele não apenas causava danos materiais, mas aterrorizava os outros garotos do grupo. Quando a destrutividade cresceu, a culpa veio cada vez mais à tona até ele dizer que acreditava que era maldito e que, sem dúvida, iria para o inferno.

Nesse momento foi necessário removê-lo, já que a vida de todo o albergue estava em jogo. Ele foi levado para um grande albergue administrado por um ex-suboficial da marinha que tinha um dom todo especial para lidar com os garotos de modo gentil porém firme. A tornou-se bem-comportado, abandonou as explosões de violência, deu-se muito bem organizando jogos e "aquietou-se". A rotina e a justa disciplina do albergue ajudaram-no a organizar a vida na base que havia iniciado no albergue livre, mas que não conseguira manter lá.

Um caso assim revela quão ilusório é o critério do comportamento no julgamento da normalidade ou anormalidade de uma criança, precise ela ou não de ajuda psicológica. Era impossível lidar com seu problema até o fim e, assim, restabelecer a coerência de sua psique num regime de liberdade. Quando as forças repressivas se relaxaram, o problema veio à luz inteiro, de uma maneira que o tornou um problema social crítico. Em decorrência da mudança de ambiente, o garoto pôde encobrir seu problema de forma a parecer que ele havia sido resolvido, mas esse processo rudimentar não tem nada que ver com sua reabilitação num sentido mais profundo.

Porém, de modo geral, restava pouca dúvida de que os albergues livres tinham os melhores resultados. As crianças saíram de lá com a lembrança de um tempo feliz que dificilmente esquecerão e quase todas realmente se desenvolveram. Os outros albergues tiveram um papel útil no atendimento às crianças que não poderiam suportar a liberdade ou não precisavam dela.

Para fins de comparação com A, tomemos o exemplo de uma criança que pôde desenvolver-se imensamente num albergue livre.

Quando B chegou ao albergue porque seu lar em Londres não conseguia tolerá-lo, era um garoto de 6 anos extremamente vivo – muito ativo e eternamente irrequieto. Ele andava com uma imensa vara de uns dois metros de comprimento, que gostava de balançar e usava para cutucar pessoas e objetos. Com ela, quebrou janelas mais de uma vez. Demonstrava pouco ou nenhum remorso por seus delitos; faltava-lhe o sentimento pessoal; suas reações eram grosseiras e animalescas. Em algumas ocasiões e diante de frustrações bastante leves, ele se enfurecia e acabava com qualquer coisa que visse pela frente. Quando se zangavam com ele, gritava, chorava e esperneava, agarrando-se às pessoas e implorando-lhes que parassem. B demonstrava uma falta quase total de sentimento social, de forma que, se fosse um adulto, a conclusão inevitável é que ele estava em mania.

Um ano após a admissão, continuava na mesma situação, com uma mudança: já não andava com a vara, mas ainda se comportava como se fosse presa de uma energia violenta da qual não conseguia livrar-se. Num determinado momento, ficou obcecado pelo fogo e sentava-se horas a fio diante de uma lareira, fascinado, completamente abstraído do mundo exterior. Acendia fogo em qualquer lugar, obrigando a equipe a ficar permanentemente atenta ao que ele estava fazendo, senão acabaria incendiando a casa.

Então B desenvolveu terrores noturnos de "coisas brancas com olhos atrás da cortina" e, mais ou menos na mesma época, tornou-se menos exigente e mais cooperativo, mais afetuoso e obediente. Um ano e um mês após a admissão, a mãe morreu – o fato provocou lágrimas, algumas das quais expressão de pesar autêntico. Para nossa surpresa, ele ficou muito preocupado com os demais membros da família nesse momento. Queria ajudá-los e, pensando que eles estavam "num lugar podre", pediu que viessem para o albergue.

Seu sofrimento o fez mudar radicalmente, de maneira que B se tornou mais pessoal e agradável. Por exemplo, às refeições passou a dizer: "Eu queria meu chá, por favor", ao invés do rude: "Onde está meu chá?" – dois modos de expressão que ilustram a mudança.

Dois meses depois, ele deixou o albergue por razões de ordem administrativa. Havia deixado de ser um fenômeno de impessoalidade para tornar-se uma criança com sentimentos pessoais reais. Começara a confiar na supervisora do albergue. Isso não foi pouca coisa, mas foi preciso uma supervisora que tivesse uma imensa capacidade de compreender as crianças e um tremendo amor e tolerância por elas para promover tal mudança. Além disso, ela possuía uma considerável compreensão psicológica e, sem dúvida, isso era um fator importante na promoção do desejado desenvolvimento.

A evacuação tornou evidente o fato de que as crianças podem estar sujeitas desde muito cedo na vida a problemas que exigem suma experiência e compreensão da parte dos seus responsáveis. Ela obrigou-nos a dar-nos conta da urgente necessidade não apenas de maior compreensão das crianças como também de adultos com treinamento adequado em psicologia infantil para assumir tanto o seu cuidado quanto a sua análise.

Como já foi dito num capítulo anterior, graças ao seu inconsciente, as crianças são tão contaminadas pelos problemas dos pais que muitas vezes acabam precisando de assistência analítica antes que o problema apresentado por seus sintomas possa ser resolvido. Tomando a experiência com as crianças evacuadas para os albergues como um todo, jamais imaginei que minha prévia e um tanto incerta conclusão a respeito da análise infantil e de sua necessidade fosse receber apoio tão substancial.

Aqui cabe uma pergunta que sempre me preocupou vivamente e que muitas vezes vem de outras partes: as crianças precisam da análise ou devem, em vez disso, ser tratadas somente por meios indiretos? Essa pergunta tem relevância do ponto de vista psicológico porque exige que nos perguntemos: qual a razão de colocarmos as crianças de volta no inconsciente do qual elas estão gradualmente emergindo? Já tentamos responder a essa pergunta num capítulo anterior, mas é possível lançar ainda mais luz sobre o tema a partir da experiência com as crianças dos albergues.

Está claro que o caso de A não poderia ser curado sem análise. Por outro lado, o de B – embora ele pudesse ter-se desenvolvido ainda mais do que de fato aconteceu – era consideravelmente melhor. Seria fácil citar outros exemplos de desenvolvimento impressionantes, o que poderia dar a parecer que o ambiente adequado, apenas, seria a solução dos problemas de muitas crianças. Entretanto, não acredito que essa conclusão seja justificável.

Está claro que os conflitos de B não encontraram alívio e o mesmo se aplicava a todas as crianças que pude observar em períodos de até três anos. Não quero com isso sugerir que elas pudessem melhorar, pois algumas estavam – tanto quanto se possa afirmar com base no atual nível de conhecimento – além da possibilidade de ajuda. Mas o fato de seus problemas não haverem sido radicalmente resolvidos demonstra sua necessidade de maior assistência. Por conseguinte, com base nessa justificativa, elas constituem o campo legítimo da pesquisa e da terapia analítica.

Além disso, a compreensão analítica tem vantagens gerais sobre qualquer outro tipo de tratamento de grupo: em primeiro lugar, as mudanças são mais rápidas; em segundo, a criança é receptáculo de uma compreensão mais aprofundada de seus conflitos do que seria possível numa situação grupal e, por isso, não precisa passar por tantas experiências penosas praticamente só; em terceiro lugar, a análise vai à raiz do problema de um modo que nenhum outro método possibilita; em quarto, ela permite que na sala de consulta sejam "contidas" muitas atividades anti-sociais que, conseqüentemente, não são atuadas no grupo; por fim, ela nos fornece uma compreensão mais detalhada da criança e, assim, contribui para que saibamos como lidar com ela.

Quando os bombardeios diminuíram, muitas das crianças voltaram, permitindo que fossem enviadas ao albergues diversas crianças que precisavam de afastamento do lar por um certo período.

O caso seguinte, de C, fornece um exemplo por meio do qual podemos estudar a relação entre a análise infantil e a vida no albergue.

Esse garoto foi enviado a um albergue no qual fora possível estabelecer uma relação muito boa com a supervisora, que estava sempre pronta a entender e aplicar com grande habilidade as idéias da psicologia. O garoto tinha 5 anos de idade quando sua análise começou. Ele já estava em análise havia um ano, com duas visitas semanais, quando chegou ao albergue, de forma que se sabia muita coisa a seu respeito. Uma das características mais marcantes era o medo das conseqüências de seus sentimentos violentos, que o dominavam completamente durante as entrevistas analíticas. Entretanto, ele não ousava dar-lhes vazão em outra parte. C estava abrigado no albergue havia cinco meses e, nesse tempo, não recebera mais nenhum tratamento. Conseguira socialmente algum desenvolvimento, mas regredira em outros aspectos. Então eu o aceitei para dar continuidade à sua análise.

A princípio, parecia ter havido uma considerável mudança; ele estava mais amigável e cooperativo, mas isso era apenas superficial. Certamente, era uma mudança para melhor, mas não tocava nos conflitos fundamentais, que logo vieram à tona no mesmo estado que antes.

Ele permaneceu no albergue por um ano e cinco meses, e eu diria que evoluiu mais rápido do que teria ocorrido se estivesse em casa. Mas minha conclusão foi a de que o bom ambiente do albergue não poderia promover a solução do conflito fundamental. Essa criança trazia anormalidades desde o nascimento; estava abaixo do peso esperado; fora amamentada por pouquíssimo tempo e a mãe dissera que, nesse período, quase desmaiava ao tentar dar-lhe de mamar, pois estava ela mesma doente. Ela continuou lutando por nove ou dez semanas, tempo em que ele ficou subalimentado. Então, o bebê pegou uma pneumonia e foi desenganado, mas sobreviveu. Jamais se recuperara inteiramente desse mau começo e, quando foi trazido a mim para tratamento, era empurrado para toda parte num carrinho.

Um caso como esse é muito grave, mas, apesar de sua gravidade, a criança claramente demonstrou, a partir de sua análise, aquilo que eu havia inferido com base na observação exterior, a saber: é preciso mais que o bom ambiente propiciado pelos albergues.

Notas

As presentes notas suplementam referências já dadas no texto. Elas destinam-se a apresentar, a cada capítulo, livros e artigos que influíram nas conclusões atingidas. Não se trata aqui de cobrir toda a literatura dos temas selecionados, mas sim de propiciar acesso a eles. A referência à bibliografia que se segue é feita pelas datas de publicação ou, no caso de Jung, pela menção ao volume das *Obras completas*.

CAPÍTULO 1: ANTECEDENTES

Uma boa introdução à obra de Jung está em Fordham, F., 1966.

O ego e os arquétipos
Fordham, M. "Biological theory and the concept of archetypes". *In*: Fordham, M., 1957. Hobson, 1961. Jung, OC VII; "O conceito de inconsciente coletivo". *In*: OC IX, parte 1; além disso, há outros ensaios relevantes nesse volume.

Método
Fordham, M. "Problems of active imagination". *In*: Fordham, M., 1958. Jung, "A função transcendente". *In*: OC VIII; "A técnica da diferenciação entre o eu e as figuras do inconsciente". *In*: OC VII/2; "Introdução" a OC XII; "A aplicação prática da análise dos sonhos". *In*: OC XVI.

A alquimia e as idéias históricas de Jung
OC IX, parte 2; XI; XII; XIV; CW XIII.

Individuação e misticismo
Fordham, M., 1958, 1985a.

CAPÍTULO 2: BRINCAR

Gardner, 1937. Greenacre, 1959. Klein, 1955. Lewis, 1962. /"Por que as crianças brincam". In: Winnicott, 1982.

CAPÍTULO 3: SONHOS

Amplificação
Jacobi, "The dream of the bad animal". In: Jacobi, 1991.

Sonhos da primeira infância
Despert, 1949.

Sonhos de fases posteriores
Wickes, 1966.

CAPÍTULO 4: DESENHOS

Baynes, 1955. Eng, 1931. Também Fordham, M., sem data. Jung, "O simbolismo da mandala". In: OC IX/1. Kellog, 1955. Le Barre, sem data. Read, 1943.

CAPÍTULO 5: O MODELO CONCEITUAL

Psicologia e defesas do ego
Arlow e Brenner, 1973. Apfelbaum, 1966. Fairbairn, 1980. Freud, A., 1986. Guntrip, 1961. Hartmann, 1958.

Os arquétipos
Fordham, M., "Biological theory and the concept of archetypes". In: Fordham, M., 1957; 1962; 1965. Hobson, 1961. Segal, 1975, a partir de cuja obra se pode ter acesso à de Melanie Klein. Spitz, 1959. Piaget, 1971 e também outras de sua vasta série de monografias.

O self
Fordham, M., "Origin of the ego in childhood" e "Some observations on

the self and the ego in childhood", ambos em Fordham, M., 1957; 1963; 1965; 1966.

Reconstituição
Fordham, F., 1964. Fordham, M., 1965b. Rubinfine, 1967.

Observação de bebês
Bick, 1966. Call, 1964. Escalona, 1963. Spitz, 1946; 1957; etc. Winnicott, "A observação de bebês em uma situação estabelecida". In: Winnicott, 2000.

Autismo infantil
Bettelheim, 1987. Fordham, M., 1976.

CAPÍTULO 6: O AMADURECIMENTO

Vida intra-uterina e nascimento
Greenacre, 1945. Spitz, 1993. Verney e Kelly, 1982.

O par afetuoso
Winnicott, "Preocupação materna primária". In: Winnicott, 2000. Segal, 1975. Bion, 1962.

Objeto transicional
Winnicott, 2000 e 1967. Coppolillo, 1967. Fordham, M., 1977.

Identidade
Erikson, 1976. Jacobson, 1964-65.

Fase de separação-individuação
Fordham, M., 1968. Mahler *et al.*, 1977. Joffe e Sandler, 1965.

Conflito edipiano
A literatura é por demais vasta para que se citem itens específicos. O argumento é desenvolvido a partir da obra de Freud, da modificação introduzida por Jung e também da obra de Klein (Cf. Segal, 1975 e Jacobson, 1964-65).

CAPÍTULO 7: A FAMÍLIA

Jung, /"O casamento como relacionamento psíquico", OC XVII. Wickes, 1966. Winnicott, 1982, parte 2: "A família".

CAPÍTULO 8: O CONTEXTO SOCIAL

Estudos antropológicos
Boyer, 1964. Erikson, 1976. Layard, 1942. Mead, 1942. Parin e Morgenthaler, 1964.

Adolescência
Henderson, 1967.

CAPÍTULO 9: A PSICOTERAPIA ANALÍTICA

Aldridge, 1959. Fordham, M., 1976 e 1985a. Hawkey, 1945; 1951; 1955; 1964. Jung: estudos de caso de "Tentativa de apresentação da teoria psicanalítica". *In*: OC IV; "Psicologia analítica e educação". *In*: OC XVII. Kalff, 1962. O caso 1 foi anteriormente relatado em Fordham, M., 1957, p. 148 e ss. O caso 3 foi mais detalhadamente descrito em Fordham, M., 1976. Tate, 1958 e 1961. Wickes, 1966.

CAPÍTULO 10: A FORMAÇÃO SIMBÓLICA

Fordham, M., "Reflections on image and symbol". *In*: Fordham, M., 1957. Jackson, 1963. Jung, "Definição de símbolo". *In*: OC VI. Stein, 1957.

Bibliografia

Abraham, K. (1914) "Review of Jung's *Versuch einer Darestlung der Psycho-analytischen Theorie*" in *Clinical Papers and Essays on Psycho-Analysis*. Londres: Hogarth, 1955.
Aldridge, M. (1959) "The birth of the black and white twins", *J. Analyt. Psychol.*, 4, 1.
Apfelbaum, B. (1966) "On ego psychology: a critique of the structural approach to psycho-analytic theory", *Int. Psychol. Anal.*, 47, 4.
Arlow, J. A. e Brenner, C. (1973) *Conceitos Psicanalíticos e a Teoria Estrutural*. Rio de Janeiro: Imago.

Baynes, H. G. (1936) "The psychological background of the parent-child relationship" in *Analytical Psychology and the English Mind*. Londres: Methuen, 1950.
Baynes, H. G. (1955) *Mythology of the Soul*. Londres: Routledge & Kegan Paul.
Bettelheim, B. (1987) *A Fortaleza Vazia*. São Paulo: Martins Fontes.
Bick, E. (1966) "Notes on infant observation in psycho-analytic training", *Int. J. Psycho-Anal.*, 45, 4.
Bion, W. R. (1962) *Learning from Experience*. Londres: Heinemann.
Bion, W. R. (1991) *A Atenção e Interpretação – O Acesso Científico à Intuição em Psicanálise e Grupos*. Rio de Janeiro: Imago.
Boyer, L. B. (1964) "Psychological problems of a group of Apaches: alcoholism, hallucinations and latent homosexuality among typical men", *The Psychoanalytic Study of Society*, 3. Nova York: International Universities Press.

Call, J. D. (1964) "Newborn approach behaviour and early ego development", *Int. J. Psycho-Anal.*, 45, 2-3.
Collins, M. (1963) "The stimulus of Jung's concept in child psychiatry" in *Contact with Jung*, org. M. Fordham. Londres: Tavistock.
Coppolillo, H. P. (1967) "Maturational aspects of the transitional phenomenon", *Int. J. Psycho-Anal.*, 58-2.

Despert, J. L. (1949) "Dreams in children of pre-school age", *Psychoanalytic Study of the Child*, 3-4. Nova York: International Universities Press.

Edinger, E. F. (1960) "The ego self paradox", *J. Analyt. Psychol.*, 5, 1.
Eng, H. (1931) *The Psychology of Children's Drawings*. Londres: Kegan Paul.
Erikson, E. (1976) *Infância e Sociedade*, 2ª edição. Rio de Janeiro: Zahar.
Escalona, S. K. (1963) "Patterns of infantile experience and the developmental process", *Psychoanalytic Study of the Child*, 18. Nova York: International Universities Press.

Fairbairn, W. R. D. (1980) *Estudos Psicanalíticos da Personalidade*. Rio de Janeiro: Interamericana.
Fordham, F. (1963) "Myths, archetypes and patterns of childhood", *Harvest Journal of the Analytical Psychology Club*, 9.
Fordham, F. (1964) "The care of regressed patients and the child archetype", *J. Analyt. Psychol.*, 9, 1.
Fordham, F. (1972) *Introdução à Psicologia de Jung*. Lisboa: Ulisséia.
Fordham, M. (sem data) "The meaning of children's pictures", *Apropos no. 2*. Londres: Lund Humphries.
Fordham, M. (1957) *New Developments in Analytical Psychology*. Londres: Routledge & Kegan Paul.
Fordham, M. (1958) *The Objective Psyche*. Londres: Routledge.
Fordham, M. (1958a) "Individuation and ego development", *J. Analyt. Psychol.*, 3, 2.
Fordham, M. (1962) "The theory of archetypes as applied to child development with particular reference to the self" in *The Archetype*, org. G. Adler. Basel/Nova York: Klarger.
Fordham, M. (1963) "The empirical foundation and theories of the self in Jung's works", *J. Analyt. Psychol.*, 8, 1.
Fordham, M. (1963a) "Notes on the transference and its management in a schizoid child", *J. Child Psychother.*, 1, 1.
Fordham, M. (1964) "Well motivated parents", *J. Analyt. Psychol.*, 9, 2.
Fordham, M. (1965) "The self in childhood", *Psychoter. Psychosom.*, 13.
Fordham, M. (1965a) "Review of The Self and the Object World by E. Jacobson", *Int. Psyco- Anal.*, 46, 4.
Fordham, M. (1965b) "The importance of analysing childhood for the assimilation of the shadow", *J. Analyt. Psychol.*, 10, 1.
Fordham, M. (1966) "Review of Harding's *The Parental Image*", *J. Analyt. Psychol.*, 11, 1.
Fordham, M. (1968) "Individuation in childhood" in *The Reality of the Psyche*, org. J. Wheelwright. Nova York: Putnam.

Fordham, M. (1968a) "Theorie und Praxis der Kinderanalyse aus der Sicht der analytischen Psychologie C. G. Jungs" in *Handbuch der Kinderpsychoterapie*, org. G. Biermann. Munique/Basel: Reinhardt.
Fordham, M. (1969) "Technique and countertransference" in *Technique in Jungian Analysis*, orgs. M. Fordham, R. Gordon, J. Hubback e K. Lambert. Londres: Heinemann.
Fordham, M. (1971) "Maturation of the ego and the self" in *Analytical Psychology a Modern Science*, orgs. M. Fordham, R. Gordon, J. Hubback, K. Lambert e M. Williams. Londres: Heinemann.
Fordham, M. (1976) *The Self and Autism*. Londres: Heinemann.
Fordham, M. (1977) "A possible root of active imagination" in *Jungian Psychotherapy*. Londres: Karnac, 1986.
Fordham, M. (1979) "Analytical psychology and countertransference" in *Countertransference*: orgs. L. Epstein e A. H. Feiner. Nova York and Londres: Aronson.
Fordham, M. (1985) "Abandonment in infancy" in *Chiron*, orgs. N. Schwartz-Salant e M. Stein. Wilmette: Chiron.
Fordham, M. (1985a) *Explorations into the Self*. Londres: Academic Press.
Fordham, M. (1985b) "The self in Jung's works" in Fordham (1985a).
Fordham, M. (1985c) "Integration-deintegration in infancy" in Fordham (1985a).
Fordham, M. (1986) *Jungian Psychotherapy*. Londres: Karnac.
Frazer, J. G. (1930) *Myths of the Origin of Fire*. Londres: Macmillan.
Freud, A. (1986) *O Ego e os Mecanismos de Defesa*. 8ª ed., Rio de Janeiro: Civilização Brasileira.
Freud, S. (1975) Construções em análise: in *Obras Completas de Sigmund Freud vol. XXIII*. Rio de Janeiro: Imago.

Gardner, D. E. M. (1937) *The Children's Play Centre*. Londres: Methuen.
Greenacre, P. (1945) "The biologic economy of birth", *Psychoanalytic Study of the Child*, 1. Nova York: International Universities Press.
Greenacre, P. (1959) "Play in relation to creative imagination", *Psychoanalytic Study of the Child*, 14. Nova York: International Universities Press.
Greenberg, M. (1958) *The Birth of a Father*. Nova York: Continuum.
Guntrip, H. (1961) *Personality Structure and Human Interaction*. Londres: Hogarth.

Harding, E. (1985) *Os Mistérios da Mulher*. São Paulo: Paulus.
Harris, M. (1975) *Thinking about Infants and Young Children*. Strath Tay: Clunie Press.
Harrison, J. (1927) *Themis*. Cambridge: Cambridge University Press.

Hartmann, H. (1958) *Ego Psychology and the Problem of Adaptation*, trad. D. Rapaport. Londres: Imago.

Hawkey, L. (1945) "Play analysis: case study of a nine-year-old child", *Brit. J. Med. Psychol.*, 20, 3.

Hawkey, L. (1951) "The use of puppets in child psychotherapy", *Brit. J. Med. Psychol.*, 24, 3.

Hawkey, L. (1955) "The function of the self in adolescence", *Brit. J. Med. Psychol.*, 28, 1.

Hawkey, L. (1962) "The therapeutic factor in child analysis" in *The Archetype*, org. G. Adler. Basel/Nova York: Klarger.

Henderson, J. (1967) *Thresholds of Initiation*. Middletown: Wesleyan Univesity Press.

Hobson, R. (1961) "Critical notice. C. G. Jung: *Archetypes and the Collective Unconscious*", *J. Analyt. Psychol.*, 6, 2.

Hume, R. E. trad. (1931) *The Thirteen Principal Upanishads*. Londres: Oxford University Press.

Jackson, M. (1963) "Symbol formation and the delusional transference", *J. Analyt. Psychol.*, 8, 2.

Jacobi, J. (1952) "Das Kind wird ein Ich", *Heilpädagogische Werkbkatter*, 3.

Jacobi, J. (1953) "Ich und Selbst in der Kinderzeichnung", *Schweiz. Z. Psycholog. Anwend.*, 12, 1.

Jacobi, J. (1991) *Complexo, Arquétipo, Símbolo na Psicologia de C. G. Jung*. São Paulo: Cultrix.

Jacobi, J. (1967) *The Way of Individuation*. Londres: Holder & Stoughton. Nova York: Harcourt Brace.

Jacobson, E. (1964-65) *The Self and the Object World*. Nova York: International Universities Press. Londres: Hogarth.

Joffe, W. G. e Sandler, J. (1965) "Notes on pain, depression and individuation" in *Psychoanalytic Study of the Child*, 20. Nova York: International Universities Press.

Jung, C. G. (1916) "The Association Method" in *Collected Papers in Analytical Psychology*, org. C. Long. Londres: Baillière, Tindall & Cox (as partes 1 "O Método de Associação" e 2 "A Constelação Familiar" estão publicadas em OC II e a parte 3 "Sobre os Conflitos da Alma Infantil" já está disponível em OC XVII.

Jung, C. G. (1975) *Sonhos, Memórias e Reflexões*. Rio de Janeiro: Nova Fronteira.

Jung, C. G. *Obras Completas de C. G. Jung*. Petrópolis: Vozes. Os seguintes volumes são mencionados no texto:

Vol. II – *Estudos Experimentais*, 1995

Vol. IV – *Freud e a Psicanálise*, 1989
Vol. V – *Símbolos de Transformação*, 1999, 4ª ed.
Vol. VI – *Tipos Psicológicos*, 1991
Vol. VII – *Estudos sobre Psicologia Analítica*, 1992, 3ª ed.
Vol. VIII – *Dinâmica do Inconsciente*, 1984
Vol. IX/1 – *Os Arquétipos e o Inconsciente Coletivo*, 2000
Vol. IX/2 – *Aion*, 1982
Vol. X – *Psicologia em Transição*, 1994
Vol. XI – *Psicologia da Religião Oriental e Ocidental*, 1980
Vol. XII – *Psicologia e Alquimia*, 1994, 2ª ed.
Vol. XIV/1 – *Mysterium Coniunctionis* 1985
Vol. XIV/2 – *Mysterium Coniunctionis*, 1990
Vol. XVI – *A Prática da Psicoterapia*, 1981
Vol. XVII – *O Desenvolvimento da Personalidade*, 1981
Obs. Vol. XIII *Alchemical Studies in The Collected Works of C. G. Jung*. Princeton: Princeton University Press, 1967.
Jung, C. G. (1991) *Psychology of The Unconscious – A Study of Transformations and Symbolisms of the Libido*. Volume suplementar B. Princeton University Press. (a versão revista desse livro está em OC V)

Kalff, D. M. (1962) "Archetypus als heilender Faktor", *The Archetype*, org. G. Adler. Basel/Nova York: Klarger.
Keightley, T. (1892) *Fairy Mythology*. Londres: Bell.
Kellogg, R. (1955) *What Children Scribble and Why*. San Francisco: edição do autor.
Klein, M. (1980) " A Técnica Psicanalítica Através do Brinquedo: Sua História e Significado" em *Novas Tendências na Psicanálise*: Rio de Janeiro: Guanabara Koogan.
Klein, M. (1991) "Sobre a Identificação" em *Inveja e Gratidão e outros Trabalhos – Obras Completas de Melanie Klein Vol. III*. Rio de Janeiro: Imago.
Klein, M. (1994) *Narrativa da Análise de uma Criança – Obras Completas de Melanie Klein vol. IV*. Rio de Janeiro: Imago.
Klein, M. (1997) *A Psicanálise de Crianças – Obras Completas de Melanie Klein vol. II*. Rio de Janeiro: Imago.

Layard, J. (1942) *Stone Men of Malekula*. Londres: Chatto & Windus.
Le Barre, H. (sem data) *L'enfant et ses dessins*, 2 vols.. Pujols (Lot-et-Garonne).
Lewis, E. (1953) "The function of group play during middle childhood in developing the ego complex", *Brit. J. Med. Psychol.*, 27, 1/2.
Lewis, E. (1962) *Children and their Religion*. Londres: Sheed & Ward.

Mahler, M., Pine, F. e Bergman, A. (1977) *O Nascimento Psicológico da Criança.* Rio de Janeiro: Zahar.
Marcus, K. (1965) "Early childhood experiences remembered by adult analysands", *J. Analyt. Psychol.*, 10, 2.
Mead, M. (1942) *Growing up in New Guinea.* Londres: Penguin Books.
Meltzer, D. e Harris Williams, M. (1995) *A Apreensão do Belo.* Rio de Janeiro: Imago.
Miller, L., Rustin, M., a Shuttleworth, J., orgs. (1989) *Closely Observed Infants.* Londres: Duckworth.
Moody, R. (1955) "On the function of the countertransference", *J. Analyt. Psychol.*, 1, 1.
Moody, R. (1961) "A contribution to the psychology of the motherchild relationship" in *Current Trends in Analytical Psychology,* org. G. Adler. Londres: Tavistock.
Muller, F. M. (1879-84) *Sacred Books of the East,* 15. Oxford: Clarendon Press.

Neumann, E. (1980) *A Criança.* São Paulo: Cultrix.
Neumann, E. (1995) *História e origem da Consciência.* São Paulo: Cultrix.

Parin, P. e Morgenthaler, F. (1964) "Ego orality in the analysis of West Africans", *The Psychoanalytic Study of Society,* 3. Nova York: International Universities Press.
Piaget, J. (1971) *A Formação do Símbolo na Criança. Imitação, Jogo e Sonho, Imagem e Representação.* Rio de Janeiro: Zahar.
Pine, F. e Furer, M. (1963) "Studies of the separation-Individuation phase: a methodological overview", *Psychoanalytic Study of the Child,* 18. Nova York: International Universities Press.

Rubinfine, D. L. (1967) Notes on the theory of reconstruction: *Brit. J. Med. Psychol.*, 40,3.

Segal, H. (1975) *Introdução à Obra de Melanie Klein.* Rio de Janeiro: Imago.
Sidoli, M. (1989) *The Unfolding Self.* Boston: Sligo.
Sidoli, M. e Davis, M., orgs. (1988) *Jungian Child Psychotherapy.* Londres: Karnac.
Silberer, H. (1917) *Problems of the Mysticism and its Symbolism,* trad. S. E. Jelliffe. Nova York: Moffat Yard.
Spitz, R. A. (1946) "Anaclitic Depression", *Psychoanalytic Study of the Child,* 2. Londres: Imago.
Spitz, R. A. (1959) *A Genetic Field Theory of Ego Formation.* New York: International Universities Press.

Spitz, R. A. (1993) *O Primeiro Ano de Vida*. São Paulo: Martins Fontes.
Spitz, R. A. (1998) *O Não e o Sim*. São Paulo: Martins Fontes.
Stein, L. (1951) "On talking or the communication of ideas and feelings by means of mainly audible symbols", *Brit. J. Med. Psychol.*, 24 2.
Stein, L. (1957) "What is a symbol supposed to be?" *J. Analyt. Psychol.*, 1, 1.
Stern, D. (1985) *The Interpersonal World of the Infant*. Nova York: Basic Books.

Tate, D. (1958) "On ego development", *J. Analyt. Psychol.*, 3, 1.
Tate, D. (1961) "Invasion and separation", *J. Analyt. Psychol.*, 6, 1.

Verney, T. e Kelly, J. (1982) *The Secret Life of the Unborn Child*. Londres: Sphere Books.

Wickes, F. (1966) *The Inner World of Childhood*: ed. rev.. Nova York: Appleton-Century Crofts.
Winnicott, D. W. (1967) "The Location of Cultural Experience", *Int. J. Psycho-Anal.*, 48,3.
Winnicott, D. W. (1982) *A Criança e seu Mundo* 6ª Edição. Rio de Janeiro: LTC Editora.
Winnicott, D. W. (1983) *O Ambiente e os Processos de Maturação*. Porto Alegre: Artes Médicas.
Winnicott, D. W. (2000) *Da Pediatria à Psicanálise*. Rio de Janeiro: Imago.

Zimmer, H. (1986) *Filosofias da Índia*. São Paulo: Palas Athena.
Zublin, W. (1951) "The mother figure in the fantasies of a boy suffering from early deprivation" in *Current Trends in Analytical Psychology*, ed. G. Adler. Londres: Tavistock.